Inhalt

Die Vögel in diesem Buch sind nach Größe geordnet.
Vergleiche die Größe und finde den richtigen Steckbrief.

Vor den hinteren Klappen findest du Vögel so groß wie eine Elster oder eine Graugans.

Holger Haag

Was FLIEGT denn da?

85 HEIMISCHE VOGELARTEN UND IHRE GESÄNGE

KOSMOS

Hallo, liebe Vogelfreundin und lieber Vogelfreund!

In diesem Buch findest du rund 85 der häufigsten einheimischen Vögel. Sie leben in Städten und Gärten, an Flüssen und Seen, auf Feldern und Wiesen und natürlich im Wald. Darunter sind sehr farbenfrohe Arten, aber auch unscheinbare Vögel. Mit etwas Geduld und einer Prise Glück kannst du die meisten dieser Vögel auch in deiner Nähe entdecken.

Bestimmen leicht gemacht

Die jeweilige **Farbe** am oberen Rand jeder Seite hilft dir bei der Suche nach den verschiedenen Vogelarten. Die unterschiedlichen Farben der Kapitel stehen für bestimmte Größenklassen. Anhand der folgenden Größen sind die Vögel in diesem Buch eingeordnet:

Vögel etwa so groß wie ein Spatz

Vögel etwa so groß wie eine Amsel

Vögel etwa so groß wie eine Elster

Vögel etwa so groß wie eine Graugans

Außerdem findest du auf jeder Seite noch folgende Zeichen:

Der Text neben dieser **Landschaft** verrät dir, wo der Vogel lebt und sich bevorzugt aufhält. Darüber hinaus erfährst du, ob die Vogelart im Winter bei uns bleibt oder zum Überwintern in den wärmeren Süden fliegt.

Damit du nicht nur die ungefähre Größe des Vogels weißt, steht unten auf den Seiten neben dem Größenzeichen jeweils noch die genaue **Größenangabe** in Zentimetern.

Die **farbige Leiste** ganz unten auf der Seite zeigt dir auf einen Blick an, in welchen Monaten du den jeweiligen Vogel beobachten kannst. Der Neuntöter kommt bei uns zum Beispiel von Mai bis September vor, deshalb sind diese Monate farblich markiert.

Hinter dem Vogelnamen findest du dieses Zeichen 123 mit einem **Zahlencode**. Gib den dreistelligen Code in die kostenlose „KOSMOS Plus"-App ein und hör dir die jeweilige Vogelstimme an! Genauere Infos über die App und darüber, wie du sie installieren kannst, findest du auf Seite 110.

Die roten **Wichtig zu wissen!**-Kästen verraten dir interessante Zusatzinfos über die Vögel. Die grünen **Schau genau!**- und die gelben **Mach mit!**-Kästen geben dir Tipps zum Beobachten und Selbermachen. In den orangefarbenen **Erstaunlich!**-Kästen findest du verblüffendes Detailwissen oder Rekorde.

Wie sieht ein Vogel aus?

Ein Vogel hat verschiedene Körperregionen und Federpartien, die für seine Art typisch gefärbt oder ausgebildet sind. Daran kannst du ihn gut erkennen. Auf was du achten musst, wird dir im Folgenden erklärt. Vögel einer Art können aber je nach Alter, Geschlecht oder Jahreszeit auch ganz verschieden aussehen. Dazu findest du Hinweise auf den Vogelseiten.

Schau dir die Kopfzeichnung und die wichtigsten Körperteile an, damit du weißt, wo zum Beispiel der Augenstreif oder der Überaugenstreif ist.

Goldammer-Männchen

Endbinde: farblich abgesetzte Binde am Schwanzende
Kehllatz: farbiger Fleck an der Kehle, der aussieht wie ein Lätzchen
Knicksen: wippend in die Knie gehen
Körnerfresserschnabel: dicker, kräftiger Schnabel, der auch harte Samenkörner knackt
Kopfkappe: anders gefärbtes Kopfgefieder oberhalb der Augen
Kulturfolger: Vögel, die sich an das Leben in Städten und Dörfern angepasst haben
Kurzstreckenzieher: Vögel, die im Winter nur bis in den Mittelmeerraum ziehen. Langstreckenzieher fliegen sogar bis nach Zentralafrika.
Quer gebändert: quer verlaufende Streifen
Schlichtkleid: Im Gegensatz zum farbenprächtigen Prachtkleid ist das Schlichtkleid eher unauffällig.
Schwanzspieß: lange Schwanzfedern, die über den Schwanz hinausstehen
Stirnschild: eine kleine Hornplatte auf der Stirn
Unterschwanzdecke: Federn, die unterhalb des Schwanzes liegen

Und außerdem ...

Du willst nicht nur bestimmen, sondern auch noch Tipps bekommen, was man alles Spannendes rund ums Thema Vögel **selbst erleben** kann? Dann schau dir die Seiten 92 bis 107 an. Hier erfährst du beispielsweise, wann du die einzelnen Vögel morgens singen hören kannst oder wie du dir einen Nistkasten baust. Außerdem findest du dort **weitere Infos** über Vögel, zum Beispiel, wie du am besten Vögel beobachten kannst oder wie du am Schnabel des Vogels erkennst, was er am liebsten frisst.

Stieglitz

Raus in die Natur!

Die meisten Vogelgebiete stehen unter Naturschutz. Hier solltest du unbedingt auf den markierten Wegen bleiben. Viele Naturschutzverbände bieten geführte Vogelwanderungen an. Hier lernst du die gefiederten Freunde am besten kennen.

Lupe

Um Vögel bestimmen zu können, brauchst du außer diesem Buch nicht viel. Vielleicht nimmst du neben dem Fernglas noch eine Lupe mit, um dir beispielsweise Federn genauer ansehen zu können. Und wenn du dir etwas notieren möchtest, brauchst du natürlich noch Stift und Papier.

Nun aber raus in die Natur und viel Spaß beim Bestimmen und selbst Erleben!

Fernglas

Das Wintergoldhähnchen 001

Das Wintergoldhähnchen ist der kleinste Brutvogel in Europa. Neben der rundlichen Gestalt und dem graugrünen Gefieder fallen die weißliche Flügelbinde und der gelbe, schwarz eingerahmte Scheitelstreif auf. Wintergoldhähnchen turnen in ständiger Bewegung durchs Geäst. Ihre Stimmen zeichnen sich durch ein feines, hohes, auf- und absteigendes „**Zi-si, Zi-si, Zi-si**" aus.

Erstaunlich!

Mit gerade mal 5 g wiegt das Wintergoldhähnchen so viel wie zwei Stück Würfelzucker. Um seine Körpertemperatur aufrechtzuerhalten, muss es daher ständig fressen. So benötigt es täglich mehr Futter, als es selbst wiegt, damit es nicht verhungert. In langen, schneereichen Wintern wird das für den kleinen Insektenfresser zum Problem.

Das Wintergoldhähnchen ist sehr leicht.

In größeren Fichtenwäldern kannst du diese Winzlinge entdecken. Das Wintergoldhähnchen ist vor allem in Nadelbäumen zu finden. Dort sucht es die äußeren Zweige nach kleinen Insekten ab und baut sein Nest aus Spinnenweben, Moos, Flechten, weichen Federn und Tierhaaren. Im Winter kommt es auch mal ans Futterhäuschen.

Das Wintergoldhähnchen wird 8 bis 9 cm groß.

Das Wintergoldhähnchen kommt ganzjährig vor.

Jan | Feb | Mär | Apr | Mai | Jun | Jul | Aug | Sep | Okt | Nov | Dez

Der Zaunkönig 002

Der kleine, kugelige Vogel mit braunem, quer gebändertem Rückengefieder, weißem Überaugenstreif und heller Brust huscht flink wie eine Maus von Gebüsch zu Gebüsch. Seine kurzen Schwanzfedern sind meist steil aufgerichtet. Aus dem Schnabel des Winzlings tönt ein laut schmetternder Gesang, der manchmal auch im Winter zu hören ist.

Zaunkönig im kugelförmigen Nest

Der Zaunkönig kommt im Unterholz von Wäldern, Parks und Gärten vor, gern auch in der Nähe von Wasser. Im dichten Gebüsch sucht er nach kleinen Insekten und Spinnen zum Fressen. Im Winter besucht er auch die Futterstellen.

Wichtig zu wissen!

Das Zaunkönig-Männchen baut im Frühling mehrere kugelförmige Nester mit einem seitlichen Eingang. Meist sind diese gut versteckt in Holzstapeln, Efeuranken oder in den Baumwurzeln umgestürzter Bäume. Das Weibchen kann sich ein Nest davon aussuchen. Die anderen Nester sind aber nicht umsonst gebaut, sie werden gern zum Übernachten genutzt. Im Winter teilen sich sogar mehrere Zaunkönige ein Nest. So ist es wärmer und sie sparen wertvolle Energie.

Der Zaunkönig wird 9 bis 10 cm groß.

Der Zaunkönig kommt ganzjährig vor.

Jan	Feb	Mär	Apr	Mai	Jun	Jul	Aug	Sep	Okt	Nov	Dez

Der Zilpzalp

003

Unverkennbar singt der Zilpzalp laut seinen eigenen Namen, ein immer abwechselndes „**Zilp-zalp, Zilp-zalp**". Mit den Augen ist der kleine, unscheinbare Laubsänger schwieriger zu entdecken. Kopf und Rücken sind grünlich grau bis braun gefärbt und gut getarnt. Seine Unterseite ist schmutzig weiß bis gelblich. Meist turnt der Zilpzalp in den äußeren Zweigen von Bäumen und Büschen herum, auf der Suche nach kleinen Insekten.

Schau genau!

Die Zwillingsart zum Zilpzalp ist der **Fitislaubsänger**. Er sieht dem Zilpzalp sehr ähnlich, hat aber etwas längere Flügel und helle Beine. Am leichtesten unterscheidest du sie am Gesang. Denn der Fitis hat einen kurzen, melodischen, von der Tonhöhe abfallenden Gesang. Obwohl beide Arten in Wäldern und Gebüschen leben, bauen sie ihr Nest gut versteckt am Boden.

Fitis

Der Zilpzalp kommt häufig in Laubwäldern vor, aber auch in großen Parks, Gärten oder Feldgehölzen. Er überwintert im Mittelmeerraum und in Nordafrika. Frühestens ab Mitte März ist sein typischer Gesang wieder bei uns zu hören.

Der Zilpzalp wird 10 bis 12 cm groß.

Der Zilpzalp kommt von März bis Oktober vor.

Jan	Feb	Mär	Apr	Mai	Jun	Jul	Aug	Sep	Okt	Nov	Dez

Der Teichrohrsänger 004

Mit seinem rötlich braunen Gefieder und der weißlichen Unterseite ist der Teichrohrsänger im Schilf bestens getarnt. Er hüpft von Halm zu Halm und sucht nach Insekten, Schnecken und Spinnen. Am besten siehst du ihn, wenn er zum Singen langsam einen Schilfhalm nach oben klettert. Du erkennst ihn leicht an seinem kratzenden und knarrenden Gesang. Er singt rhythmisch „**trett trett trett TIRri TIRri trü trü tre tre tre …**".

Erstaunlich!

Die gut 6 000 Kilometer nach Afrika legt der Teichrohrsänger vor allem nachts zurück. Dabei kann er bis zu 450 Kilometer in einer Nacht fliegen. Nachts zu fliegen hat den Vorteil, dass weniger Feinde unterwegs sind und es nicht so warm ist.

Wüste bei Nacht

Während der Brutzeit kommt er ausschließlich in Schilfgebieten von Seen, Teichen, Mooren und langsam fließenden Gewässern vor. Dort baut er ein kunstvolles Nest zwischen die Schilfstängel. Zwischen drei bis vier Stängeln flicht er ein napfförmiges Nest aus Schilfhalmen und Gras. Sein Überwinterungsgebiet liegt südlich der Sahara.

Der Teichrohrsänger wird 11 bis 12 cm groß.

Der Teichrohrsänger kommt von Mai bis September vor.

Jan	Feb	Mär	Apr	Mai	Jun	Jul	Aug	Sep	Okt	Nov	Dez

Die Tannenmeise

005

Auf den ersten Blick sieht die Tannenmeise wie eine kleine, blasse Kohlmeise aus. Besonders die Kopfzeichnung ist sehr ähnlich. Sie hat aber eine bräunlich weiße Unterseite und einen länglichen, weißen Nackenfleck. Ihr schneller und gleichförmiger Gesang, „**Tsit-wi-tsit-wi-tsit-wi**", ist gut zu erkennen.

Wie der Name schon vermuten lässt, findest du die Tannenmeise hauptsächlich in Nadelwäldern. Dort hüpft sie besonders in den oberen Zweigen auf der Suche nach kleinen Insekten umher. Obwohl sie ihr Futter ganz oben sucht, liegen ihre Nester oft ganz unten in Baum- oder Erdhöhlen und Felsspalten. Im Winter fressen Tannenmeisen auch Fichtensamen und kommen gern an die Futterhäuser, die nahe am Waldrand aufgestellt sind.

Erstaunlich!

Viele Tannenmeisen brüten in den Nadelwäldern Nord- und Osteuropas. Bekommen sie dort in einem Jahr sehr viel Nachwuchs, wandert im Winter eine große Anzahl Tannenmeisen nach Mittel- und Südeuropa. Solche Einflüge nennt man Invasionen. So erobern diese Meisen neue Lebensräume.

Die Tannenmeise wird 10 bis 11,5 cm groß.

Die Tannenmeise kommt ganzjährig vor.

Jan | Feb | Mär | Apr | Mai | Jun | Jul | Aug | Sep | Okt | Nov | Dez

Die Kohlmeise

006

Die Kohlmeise ist unsere größte und häufigste Meise. Ihren Namen verdankt sie ihrem schwarzen Kopf, dessen Wangen je ein weißer Wangenfleck ziert. Der Bauch ist gelb mit einem schwarzen Mittelstreifen. Flügel und Schwanz sind bläulich, der Rücken ist olivgrün. Ihre lauten „**Zizidäh-zizidäh**"-Rufe kündigen in der Regel den Frühling an.

Erstaunlich!

Kohlmeisen und Blaumeisen sind ziemlich neugierig und erfinderisch, wenn sie an Futter kommen wollen. In England haben sie vor 70 Jahren gelernt, die Aluminiumdeckel der Milchflaschen aufzupicken, um an die leckere Sahne heranzukommen. Außerdem können sie eine Nuss, die an einem Faden an einem Zweig hängt, mit dem Schnabel nach und nach zu sich nach oben ziehen.

Kohlmeise beim Öffnen einer Milchflasche

Kohlmeise am Meisenknödel

Überall, wo es Bäume gibt, findest du auch eine Kohlmeise. Sie brütet in natürlichen Höhlen und Nistkästen. Im Winter ist sie ein gern gesehener Gast an Futterhäuschen und Meisenknödeln. Dort vertreibt sie gern als stärkste und frechste Meise die schwächeren hungrigen Vögel.

Die Kohlmeise wird 13 bis 15 cm groß.

Die Kohlmeise kommt ganzjährig vor.

Jan | Feb | Mär | Apr | Mai | Jun | Jul | Aug | Sep | Okt | Nov | Dez

Die Blaumeise

007

Wie der Name schon sagt, hat die kleine Blaumeise ziemlich viel Blau im Gefieder: einen blau-weißen Kopf, blaue Flügel und einen blauen Schwanz. Ihre Unterseite ist gelb und der Rücken grünlich. Im Frühling singt die kleine Meise ein helles „**Zi-zi-zirrr**".

Blaumeise mit Jungvogel

Erstaunlich!

Blaumeisen bekommen ganz viele Junge. In manchen Jahren, wenn es viel zu fressen gibt, legen sie 9 bis 15 Eier. Dann wird es im Nistkasten ganz schön eng. Um die Jungen großzuziehen, sammeln die Eltern 7 000 bis 8 000 Raupen und andere Insekten.

Blaumeise im Nistkasten

Die Blaumeise kommt fast überall vor. Nur dichte Nadelwälder meidet sie etwas. Als Höhlenbrüter geht sie gern in aufgehängte Meisenkästen und brütet sogar manchmal in Briefkästen. Im Winter ist sie ein häufiger Besucher an den Futterhäuschen. Meist streift sie dann in kleinen Gruppen durch die Gärten.

Die Blaumeise wird 10 bis 12 cm groß.

Die Blaumeise kommt ganzjährig vor.

Jan | Feb | Mär | Apr | Mai | Jun | Jul | Aug | Sep | Okt | Nov | Dez

Die Schwanzmeise

008

Ein kleiner schwarz-weiß-bräunlicher Vogel mit einem langen Schwanz und einem kleinen, spitzen Schnabel: Das kann nur die Schwanzmeise sein. So turnt sie geschickt an den dünnsten Zweigen, teilweise kopfüber hängend. Die hohen „**Tsi-tsi-tsi**"-Rufe oder ein schnurrendes „**Tschrrrt**" kündigen sie oft schon vorher an.

streifenköpfige Schwanzmeise

weißköpfige Schwanzmeise

Schwanzmeise am Nest

Schwanzmeisen brüten vor allem in Laub- und Mischwäldern. Sie kommen aber auch in Parks und Gärten mit viel Unterholz vor. Das Nest ist gut getarnt und wird niedrig im dichten Gebüsch gebaut. Im Winter kannst du die Vögel in kleinen Gruppen durch die Gegend ziehen sehen.

Schau genau!

Von der Schwanzmeise gibt es zwei Varianten. Normalerweise siehst du Vögel mit einem schwarz-weiß gestreiften Kopf. Im Winter wandern aber auch Schwanzmeisen aus Ost- und Nordeuropa zu uns ein, die einen rein weißen Kopf haben. Achte mal im Winter darauf, vielleicht entdeckst du neben streifenköpfigen auch weißköpfige Schwanzmeisen. Dann weißt du genau: Diese Vögel kommen von weit her!

Die Schwanzmeise wird 13 bis 15 cm groß.

Die Schwanzmeise kommt ganzjährig vor.

Jan | Feb | Mär | Apr | Mai | Jun | Jul | Aug | Sep | Okt | Nov | Dez

Die Haubenmeise

009

Die Haubenmeise ist leicht zu erkennen, denn sie ist die einzige Meise mit einer schwarz-weißen Federhaube. Auch der Rest des Kopfes ist schwarz-weiß gezeichnet. Die schwarze Kehle und der weiße Halsring fallen besonders auf. Die Oberseite ist einfarbig braun, die Unterseite bräunlich weiß. Der Gesang besteht aus hohen Rufen und tieferen Trillern: **„Si-si-dürr-dürr …"**

Haubenmeise am Nest

Schau genau!

Wie alle Meisen ist auch die Haubenmeise ein Höhlenbrüter. Sie sucht aber nicht nur nach leeren Spechthöhlen oder Astlöchern, sondern pickt sich mit ihrem kleinen Schnabel selbst eine eigene Höhle in ein Stück morsches Holz. In vorgefertigte Nistkästen geht sie nur selten.

Die Haubenmeise lebt in Nadel- und Mischwäldern, aber auch in Parks und Gärten. Sie ist das ganze Jahr über ortstreu. Im Winter vermischt sie sich auch mit anderen Meisentrupps und kommt zum Fressen gern an die Futterhäuschen.

Die Haubenmeise wird 11 bis 12 cm groß.

Die Haubenmeise kommt ganzjährig vor.

Jan | Feb | Mär | Apr | Mai | Jun | Jul | Aug | Sep | Okt | Nov | Dez

Die Heckenbraunelle 010

Im Frühling kannst du die Heckenbraunelle am leichtesten sehen, wenn sie morgens frei auf einer Buschspitze sitzt. Dann hörst du auch ihren schönen, klirrenden Gesang. Ansonsten ist ihr Gefieder eher unauffällig. Der Kopf und die Brust sind blaugrau, während die braun gefleckte Oberseite an einen Spatzen erinnert.
Der dünne Schnabel ist auffällig schwarz.

Wichtig zu wissen!

Im Gegensatz zu den meisten Vogelarten haben Männchen und Weibchen zur Brutzeit je ein eigenes Revier. Überlappen sich verschiedene Reviere, kann es sein, dass ein Männchen mehrere Weibchen hat oder ein Weibchen zwei Männchen. Letzteres ist bei der Jungenaufzucht sehr praktisch, weil diese dann besonders gut mit Futter versorgt werden.

Heckenbraunelle auf Futtersuche

Wie ihr Name schon sagt, bewohnt die Heckenbraunelle buschige Waldränder, Feldgehölze sowie Hecken in Parks und Gärten. Meist schlüpft sie unauffällig durchs Unterholz und hält sich gern in Bodennähe auf. Im Winter kommt sie auch ans Futterhaus, verschwindet aber schnell wieder in die sichere Deckung.

Die Heckenbraunelle wird 13 bis 14 cm groß.

Die Heckenbraunelle kommt ganzjährig vor.

Jan | Feb | Mär | Apr | Mai | Jun | Jul | Aug | Sep | Okt | Nov | Dez

Der Gartenbaumläufer

011

Dank seiner braun-weiß gemusterten Oberseite ist es nicht so leicht, den Gartenbaumläufer an einem Baumstamm zu entdecken. Wie eine Maus läuft er ruckartig die Baumstämme hoch, der lange Schwanz dient ihm dabei als Stütze. Mit seinem langen, gebogenen Schnabel sucht er zwischen der Rinde nach Insekten.

In lichten Laub- und Mischwäldern, auf Streuobstwiesen und in Parks findest du den Gartenbaumläufer. Er mag vor allem Bäume mit grober Rinde wie Eichen, Eschen oder Obstbäume. Sein Nest baut der Gartenbaumläufer hinter abstehenden Rindenstücken oder in Stammspalten.

So wechselt der Gartenbaumläufer den Baum.

Schau genau!

Achte einmal darauf, wie der Gartenbaumläufer am Stamm hochklettert. Er läuft nicht in gerader Linie hoch, sondern spiralförmig immer um den Stamm herum. Oben angekommen, fliegt er wieder an den Stammfuß eines benachbarten Baums. Normalerweise sind Gartenbaumläufer Einzelgänger, doch im Winter übernachten sie auch zusammengekuschelt in einer Baumspalte.

Der Gartenbaumläufer wird 12 bis 14 cm groß.

Der Gartenbaumläufer kommt ganzjährig vor.

Jan	Feb	Mär	Apr	Mai	Jun	Jul	Aug	Sep	Okt	Nov	Dez

Der Kleiber

012

An seinem orangeroten Brust- und Bauchgefieder und dem grauen Rücken ist der Kleiber leicht zu erkennen. Sein auffälliger schwarzer Streifen am Auge erinnert etwas an die Augenklappe eines Piraten. Sein Kopf wirkt groß, vor allem wegen seines kräftigen Schnabels, mit dem er leicht harte Samenschalen aufhacken kann. Der Kleiber ist der einzige heimische Vogel, der Baumstämme auch kopfüber herunterlaufen kann. Er ruft laut und kräftig „**tuit-tuit-tuit ...**".

Der Kleiber verkleinert den Eingang zur Bruthöhle.

Mach mit!

Im Winter versteckt der Kleiber gern Nüsse, Bucheckern und Sonnenblumenkerne als Vorrat in den Ritzen von Bäumen mit grober Borke. Schau dir die Rinde einer Eiche einmal genau an, vielleicht findest du ein paar Vorräte. Seinen Namen verdankt der Kleiber übrigens der Tatsache, dass er die Eingänge seiner Bruthöhlen mit Lehm so zuklebt, dass ihm keine größeren Vögel den Nistplatz streitig machen können.

Du findest ihn häufig in Parks, auf Friedhöfen und in Laubwäldern mit großen alten Bäumen, besonders alten Eichen. Im Winter kannst du ihn am Futterhäuschen beobachten, wie er sich Sonnenblumenkerne holt.

Der Kleiber wird 13 bis 14 cm groß.

Der Kleiber kommt ganzjährig vor.

Jan | Feb | Mär | Apr | Mai | Jun | Jul | Aug | Sep | Okt | Nov | Dez

Der Trauerschnäpper 013

Das Männchen des Trauerschnäppers ist auf der Oberseite schwarz, bis auf ein weißes Flügelfeld. Die Unterseite leuchtet reinweiß. Das Weibchen ist unscheinbarer und hat eine braune Oberseite und eine schmutzig weiße Unterseite. Du kannst diesen Vogel an seinem wiederholten kurzen „**Witt**“ erkennen.

Wichtig zu wissen!

Da Trauerschnäpper erst im April aus Afrika zurückkommen, sind die besten Höhlen häufig schon von Meisen und Kleibern besetzt. Dort, wo viele Nistkästen aufgehängt werden, finden die Trauerschnäpper jedoch genügend Brutplätze und können sich in diesen Gebieten gut vermehren. Es lohnt sich also auch im April noch, einen Nistkasten aufzuhängen.

Der Trauerschnäpper brütet in offenen alten Laub- und Mischwäldern, aber auch in Parks und auf Streuobstwiesen. Sein Nest baut er in Baumhöhlen oder in Nistkästen. Das Weibchen legt fünf bis acht bläuliche Eier. Im September macht sich der Vogel auf den weiten Weg nach Westafrika.

Der Trauerschnäpper wird 12 bis 13,5 cm groß.

Der Trauerschnäpper kommt von April bis September vor.

Jan | Feb | Mär | Apr | Mai | Jun | Jul | Aug | Sep | Okt | Nov | Dez

Der Grauschnäpper

014

Der Grauschnäpper ist ein unauffälliger Vogel. Er hat einen graubraunen Rücken, eine schmutzig weiße Unterseite und ist an der Brust leicht grau gestrichelt. Das Auge ist auffällig groß und sticht schwarz hervor. So ist der Grauschnäpper bestens getarnt und macht höchstens mit seinen hohen „**Tzieht-tzieht**"-Rufen auf sich aufmerksam.

Grauschnäpper fängt eine Fliege.

Schau genau!

Der Grauschnäpper ist ein Meister im Insektenfang. Meist siehst du ihn auf einem Aussichtsposten sitzen, zum Beispiel auf einem trockenen Ast oder einem Zaun. Dort wartet er auf Fliegen, Mücken oder Schmetterlinge, denen er geschickt hinterherjagt. Meist kehrt er nach erfolgreichem Fang auf seinen Aussichtsposten zurück.

Er kommt in offenen Wäldern mit vielen Lichtungen vor, an Waldrändern, aber auch in Parks, Obstwiesen und Gärten mit alten Bäumen. Hier baut er sein Nest in Halbhöhlen. Im September macht sich der Grauschnäpper auf den langen Weg bis ins südliche Afrika.

Der Grauschnäpper wird 13 bis 15 cm groß.

Der Grauschnäpper kommt von Mai bis September vor.

Jan	Feb	Mär	Apr	Mai	Jun	Jul	Aug	Sep	Okt	Nov	Dez

Der Hausrotschwanz 015

Das Hausrotschwanz-Männchen hat ein schwarzes Gesicht und schwarzes Bauchgefieder. Der Rücken ist aschgrau und hat auf dem Flügel ein helles Feld. Der Schwanz ist rostrot und fällt im Flug besonders auf. Das Weibchen hat ein helleres graubraunes Federkleid. Beide wippen und zittern auffällig mit dem Schwanz.
Oft kannst du noch vor der Dämmerung das raue, gepresste Lied des Männchens auf dem Hausdach hören. Bei Erregung ruft es laut „**teck-teck**".

Männchen

Jungvogel

Erstaunlich!

Der Hausrotschwanz ist ein fleißiger Sänger. Im Frühsommer kann er von Sonnenaufgang bis Sonnenuntergang fast ununterbrochen singen, nur am Nachmittag legt er eine Pause ein. Rechnet man die reine Gesangszeit, kommt der Hausrotschwanz auf über sechs Stunden. Stell dir einmal vor, du müsstest sechs Stunden am Tag singen!

Eigentlich mag der Hausrotschwanz sonnige Felslandschaften. Doch seit die Menschen Dörfer und Städte bauen, hat er sich auch dort angesiedelt. In Gärten findet er Insekten und Beeren. Sein Nest siehst du häufig in Mauernischen oder offenen Garagen. Im Herbst fliegt er in den Mittelmeerraum und überwintert dort.

Der Hausrotschwanz wird 13 bis 14 cm groß.

Der Hausrotschwanz kommt von März bis Oktober vor.

Jan | Feb | Mär | Apr | Mai | Jun | Jul | Aug | Sep | Okt | Nov | De

Der Gartenrotschwanz

016

Das Gartenrotschwanz-Männchen erkennst du leicht: Es hat eine schwarze Kehle, eine weiße Stirn und einen grauen Kopf und Rücken. Die Unterseite ist leuchtend orange. Das Weibchen sieht einem Hausrotschwanz-Weibchen recht ähnlich. Aber im Vergleich zum Hausrotschwanz ist das Gefieder nicht grau-braun sondern orange-braun gefärbt. Der Gartenrotschwanz singt sein kurzes Lied gern von Baumspitzen aus.

Männchen im Flug

Weibchen

Schau genau!

Haus- und Gartenrotschwanz sind zwei Arten, die sehr nah miteinander verwandt sind. So kann es dazu kommen, dass sich Männchen der einen Art mit Weibchen der anderen Art paaren. Die so entstandenen Jungen haben oft Merkmale von beiden Arten oder beherrschen beide Gesänge.

Der Gartenrotschwanz brütet in Baumhöhlen von lichten Wäldern, Obstwiesen, Parks und Gärten. Auch Nistkästen nimmt er an. Vor etwa 30 Jahren sind die Bestände dieses Vogels deutlich zurückgegangen. Das lag unter anderem daran, dass viele alte Bäume mit ihren natürlichen Höhlen gefällt wurden.

Der Gartenrotschwanz wird 13 bis 14 cm groß.

Der Gartenrotschwanz kommt von April bis September vor.

n | Feb | Mär | Apr | Mai | Jun | Jul | Aug | Sep | Okt | Nov | Dez

Das Rotkehlchen

017

An seinem orangeroten Gesicht und dem Kehllatz sowie den großen dunklen Augen ist das Rotkehlchen leicht zu erkennen. Der Rest des Gefieders ist unscheinbar oliv- bis graubraun. Ständig zuckt das Rotkehlchen mit Schwanz und Flügeln. Vor allem in der Morgen- und Abenddämmerung kannst du seinen leisen, melodischen, leicht traurigen Gesang hören. Bei Störungen warnt das Rotkehlchen dagegen mit einem scharfen „**Zick-zick**".

Schau genau!

Junge Rotkehlchen sehen ganz anders aus als ihre Eltern. Sie haben zwar schon die leicht rundliche Gestalt, tragen aber ein rotbraunes Gefieder mit hellen Sprenkeln. Das ist eine prima Tarnung am Boden oder im Gebüsch. Aber schon im Herbst, nach der ersten Mauser (= Gefiederwechsel), bekommen sie auch eine rote Kehle und sehen aus wie ihre Eltern.

junges Rotkehlchen

Das Rotkehlchen hält sich in Wäldern mit viel Unterholz sowie in Parks und Gärten auf. Das Nest wird gut versteckt nahe dem Boden angelegt. Im Winter siehst du das Rotkehlchen an die Futterhäuschen kommen.

Das Rotkehlchen wird 13 bis 14 cm groß.

Das Rotkehlchen kommt ganzjährig vor.

Jan | Feb | Mär | Apr | Mai | Jun | Jul | Aug | Sep | Okt | Nov | D

Die Mönchsgrasmücke 018

Die männliche Mönchsgrasmücke hat eine schwarze Kappe auf. Der Rest des Gefieders ist einheitlich grau. Das Weibchen trägt eine braune Kappe. Mit ihrem melodischen, flötenden Gesang gehört diese Vogelart zu unseren besten Sängern. Bei Erregung oder Gefahr ruft sie dagegen laut und hart „**teck-teck-teck**".

Weibchen

Männchen

Wichtig zu wissen!

Seit einigen Jahren gibt es Mönchsgrasmücken, die den Winter nicht mehr im warmen Süden am Mittelmeer verbringen. Diesen Vögeln reicht der milde Winter in Südengland. Das hat den Vorteil, dass sie weniger fliegen müssen und im Frühling viel ausgeruhter im Brutgebiet ankommen. So können sie die besten Brutreviere schon früh besetzen.

Ihr Nest baut sie in dichtem Gebüsch oder jungen Fichten. Von August bis Oktober kannst du sie oft in Holunderbüschen sehen. Dort frisst sie die schwarzen Beeren, um sich auf ihren Weg in den Mittelmeerraum vorzubereiten.

Die Mönchsgrasmücke wird 13 bis 15 cm groß.

Die Mönchsgrasmücke kommt von April bis Oktober vor.

n | Feb | Mär | Apr | Mai | Jun | Jul | Aug | Sep | Okt | Nov | Dez

Der Girlitz

019

Der Girlitz ist der kleinste Finkenvogel. Er ist zwar mit dem Kanarienvogel nah verwandt, sein Gesang hört sich aber eher klirrend oder wie eine rostige Fahrradkette an. Dabei sitzt er frei auf einer Baumspitze, einem Hausdach oder vollführt einen flatterigen Singflug. Am Boden sucht er mit seinem kurzen, dicken Schnabel nach kleinen Samenkörnern. Sein Gefieder ist gelblich mit kräftiger Streifung. Im Flug fällt der leuchtend gelbe Bürzel auf.

Schau genau!

Der Girlitz stammt ursprünglich aus dem Mittelmeerraum. In den letzten 80 bis 200 Jahren hat er sich immer weiter nach Norden ausgebreitet, bis zur Nord- und Ostsee. Im Herbst bilden sich oft kleine Schwärme, die auch mit anderen Finken wie Hänflingen oder Stieglitzen vermischt sein können.

Sein napfförmiges Nest baut der Girlitz in dichten Nadelbäumen wie Lebensbäumen oder Wacholder. Deshalb kommt er vor allem in Parks, Alleen, Gärten und auf Friedhöfen vor. Die meisten Girlitze überwintern im Mittelmeerraum, einige bleiben auch in Deutschland.

Der Girlitz wird 11 bis 12 cm groß.

Der Girlitz kommt von März bis Oktober vor.

Jan | Feb | Mär | Apr | Mai | Jun | Jul | Aug | Sep | Okt | Nov | D

Der Erlenzeisig

020

Ein kleiner gestrichelter, grünlich gelber Vogel, das ist der Erlenzeisig. Das Männchen erkennst du an der schwarzen Kopfplatte und dem schwarzen Kinnfleck. Im Flug leuchten sein gelber Bürzel und die gelben Flügelbinden. Dem Weibchen fehlt die schwarze Kopfzeichnung und das Gelb ist blasser. Sein Gezwitscher klingt etwas quietschig.

Männchen

Weibchen

Im Sommer sind die Erlenzeisige sehr unauffällig. Sie brüten in den Nadel- und Mischwäldern der Mittelgebirge und ziehen zweimal drei bis fünf Junge groß. Nach der Brut streifen sie in kleinen Gruppen umher und suchen in Erlen und Birken nach Nahrung. Dann kommen sie vielleicht auch mal an deiner Futterstelle vorbei.

Erstaunlich!

Die Brutbestände des Erlenzeisigs schwanken von Jahr zu Jahr. Sie sind abhängig von der Fichtensamenernte. Gibt es viele Samen, gibt es auch viel Nachwuchs. Seit dem späten Mittelalter hat sich der Erlenzeisig in Mitteleuropa ausgebreitet, denn zur Holzgewinnung wurden überall die schnell wachsenden Fichten angepflanzt, die er so gern mag.

Der Erlenzeisig wird 11 bis 12,5 cm groß.

Der Erlenzeisig kommt ganzjährig vor.

Jan | Feb | Mär | Apr | Mai | Jun | Jul | Aug | Sep | Okt | Nov | Dez

Der Bergfink

021

Bergfink im Flug

Von Größe und Gestalt her sieht der Bergfink dem Buchfink sehr ähnlich. Das Männchen hat aber einen schwarzen oder grauschwarzen Kopf und einen weißen Bauch. Das Weibchen ist ähnlich gefärbt, hat aber einen helleren grauen Kopf. An der orangefarbenen Brust ist der Bergfink leicht zu erkennen. Im Flug fallen die leuchtend weißen Felder von Bürzel und Rücken sofort ins Auge. Auch der Ruf unterscheidet ihn deutlich vom Buchfink, er ruft ein quäkendes „**Äähng**“.

Männchen

Weibchen

Bergfinken brüten in Skandinavien und im nördlichen Russland in lockeren Nadel- und Birkenwäldern. Ab Oktober wandern sie nach Mitteleuropa, wo sie den Winter verbringen. Dort suchen sie meist Bucheckern, kommen aber auch gelegentlich ans Futterhäuschen, wo sie am liebsten Sonnenblumenkerne fressen.

Schau genau!

Es gibt Jahre, da tragen die Buchen besonders viele Bucheckern. Von solchen Waldgebieten werden die Bergfinken zu hunderttausenden angezogen. Besonders abends gibt es ein Riesenspektakel, wenn sich die vielen Schwärme in nur wenigen Schlafbäumen zusammenfinden. Dann bildet sich ein riesiger Schwarm, der wie eine schwarze Wolke den Himmel bedeckt.

Buchecker

Der Bergfink wird 14 bis 16 cm groß.

Der Bergfink kommt von Oktober bis April vor.

Jan | Feb | Mär | Apr | Mai | Jun | Jul | Aug | Sep | Okt | Nov | Dez

Der Buchfink 022

Einer unserer häufigsten und hübschesten Vögel ist der Buchfink. Oberkopf und Nacken sind graublau, das Gesicht, Brust und Bauch rostrot. Die schwarzen Flügel haben zwei weiße Binden und der Rücken ist braun. Der Gesang hört sich so an wie: „**Bin ich nicht ein schöner Bräutigam?**" Sonst ruft er oft „**pink**". Das Weibchen ist insgesamt blasser und brauner gefärbt.

Erstaunlich!

Auch bei Vögeln gibt es Dialekte. Da der Buchfink in ganz Europa verbreitet ist, haben sich im Lauf der Zeit in unterschiedlichen Regionen verschiedene Buchfinkengesänge und -rufe entwickelt. Ein Buchfinken-Experte kann also genau bestimmen, woher der Vogel kommt, wenn er ihn singen oder rufen hört.

Weibchen

Männchen

Der Buchfink kommt in allen Wäldern häufig vor, aber auch in Parks, auf Friedhöfen und in Gärten mit einigen großen Bäumen. Im Winter bilden sich oft große Schwärme, die im Wald nach Bucheckern, Samen und Früchten suchen. Sie kommen aber auch gern ans Futterhäuschen.

Der Buchfink wird 14 bis 16 cm groß.

Der Buchfink kommt ganzjährig vor.

Jan	Feb	Mär	Apr	Mai	Jun	Jul	Aug	Sep	Okt	Nov	Dez

Der Grünling

023

wird auch Grünfink genannt

Wie sein Name schon sagt, ist der Grünling vor allem grün gefärbt. Die Männchen haben eher gelblich graugrüne Federn, die Weibchen ein blasseres braungrünes Gefieder. Das gelbe Flügelfeld und den dicken Schnabel haben beide. Der Gesang erinnert mit seinen trillernden und zwitschernden Tönen ein wenig an einen Kanarienvogel. Ansonsten ruft der Grünling häufig quäkend „**dschwäää**".

Schau genau!

An den Schnäbeln der Vögel kannst du meist leicht erkennen, was sie fressen. Der dicke, klobige Schnabel des Grünlings ist gut geeignet, um größere Samen wie Sonnenblumenkerne und Bucheckern zu knacken oder um Früchte und Beeren zu fressen.

Weibchen an Hagebutten

Männchen

Der Grünling ist ein häufig vorkommender Vogel in Parks, Gärten, Dörfern und an Waldrändern. Er baut sein Nest gern in dichten Nadelbäumen und -büschen, meist in mehr als 2 m Höhe. Im Winter bilden sich oft kleinere Schwärme, die auch gemeinsam an die Futterhäuschen kommen.

Der Grünling wird 14 bis 16 cm groß.

Der Grünling kommt ganzjährig vor.

Jan | Feb | Mär | Apr | Mai | Jun | Jul | Aug | Sep | Okt | Nov | Dez

Der Stieglitz

024

wird auch Distelfink genannt

Der Stieglitz ist richtig schön bunt gefiedert. Er hat einen rot, weiß und schwarz gefärbten Kopf. Der Rücken ist braun und die schwarzen Flügel zeigen ein leuchtend gelbes Feld, das besonders im Flug auffällt. Seinen Namen Stieglitz verdankt er seinem markanten Ruf „**Stie-ge-litt**".

Zur Brutzeit kommt er in Dörfern, Parks und auf Friedhöfen mit hohen Bäumen vor, aber auch auf Streuobstwiesen und in Alleen. Den Rest des Jahres siehst du den Stieglitz meist in kleinen Gruppen umherstreifen, vor allem auf der Suche nach Distelsamen. Mitunter hängen die Vögel dann kopfüber an den Samenständen.

Schau genau!

Wenn du einen Schwarm Stieglitze beim Fressen beobachtest, achte einmal darauf, ob alle Vögel nach Samen picken. Denn mindestens einer hält Ausschau nach Feinden. Das ist praktisch für die Gruppe, denn so können die anderen in Ruhe fressen. Natürlich wechselt der Wächter regelmäßig, damit alle zum Fressen kommen.

Schwarm Stieglitze

Der Stieglitz wird 12 bis 14 cm groß.

Der Stieglitz kommt ganzjährig vor.

Jan | Feb | Mär | Apr | Mai | Jun | Jul | Aug | Sep | Okt | Nov | Dez

Die Mehlschwalbe

025

Im Vergleich zur Rauchschwalbe hat die Mehlschwalbe nur einen leicht gegabelten Schwanz, ohne lange Schwanzspieße. Die Unterseite ist reinweiß, genau wie der Bürzel, der sich von dem blau schimmernden Rückengefieder absetzt und im Flug sofort auffällt. Sie ruft kurz „**prrt**“ oder „**pripit**“.

Mehlschwalbe im Flug

Wichtig zu wissen!

Kommt es im April oder Mai noch einmal zu einem Kälteeinbruch, haben die Mehlschwalben ein Problem, denn dann fliegen keine Insekten mehr. Um nicht zu verhungern, können Mehlschwalben ihren Energieverbrauch um die Hälfte verringern, indem sie ihre Körpertemperatur um einige Grad absenken. In dieser Art Kältestarre können sie ein paar Tage ohne Nahrung überstehen.

Die Mehlschwalbe kommt etwa zwei bis drei Wochen später als die Rauchschwalbe aus ihrem afrikanischen Winterquartier zurück. Auch sie baut ihr Lehmnest meist in der Nähe von Bauernhöfen mit Vieh, wo es viele Insekten gibt. Doch sie jagt in größeren Höhen, oft zusammen mit den Mauerseglern, und fängt kleinere Insekten.

Die Mehlschwalbe wird 13 bis 15 cm groß.

Die Mehlschwalbe kommt von April bis Oktober vor.

Jan | Feb | Mär | Apr | Mai | Jun | Jul | Aug | Sep | Okt | Nov | Dez

Der Feldsperling

026

Auf den ersten Blick sieht der Feldsperling dem Spatz recht ähnlich, aber du kannst ihn leicht an seiner braunen Kopfkappe und dem schwarzen Ohrfleck erkennen. Er ist auch etwas scheuer als der Spatz. Seine Rufe sind nur schwer von denen des Haussperlings zu unterscheiden, er ruft etwas höher „**tschilp-tschilp**" und im Flug laut „**tett-ett-ett-ett**".

Schau genau!

Schon im Herbst besetzt der Feldsperling seine Bruthöhle für das nächste Jahr. Bis zur Brutsaison benutzt er sie als sichere Schlafhöhle. Wenn du eine besetzte Höhle kennst, kannst du im Winter ja mal schauen, ob der Sperling abends zum Schlafen hineinfliegt.

Feldsperling beim Füttern

Der Feldsperling mag es etwas ruhiger als der Spatz und bleibt lieber in Dörfern, auf Obstwiesen, in Feldgehölzen und auf Bauernhöfen. Dort baut er sich in einer Baumhöhle, einem Nistkasten, unter Dächern oder in Mauerlöchern ein Nest aus Stroh, Heu, Federn und anderem weichen Material. Zwei bis drei Bruten kann der Feldsperling im Jahr großziehen. Im Winter siehst du ihn oft zusammen mit Goldammern.

Der Feldsperling wird 13 bis 14 cm groß.

Der Feldsperling kommt ganzjährig vor.

Jan	Feb	Mär	Apr	Mai	Jun	Jul	Aug	Sep	Okt	Nov	Dez

Der Haussperling

027

wird auch Spatz genannt

Das Männchen des Haussperlings erkennst du an seinem grauen Scheitel mit breiten, kastanienbraunen Streifen, am schwarzen Latz und den weißlichen Halsseiten. Beim Weibchen ist das Gefieder unauffällig graubraun mit dunklen Streifen und beigefarbenen Bändern an den Flügeln, die Bauchseite ist weißlich grau.

Männchen

Wichtig zu wissen!

Haussperlinge teilen gern. Sobald ein Tier Nahrung entdeckt hat, lockt es seine Freunde und Verwandten durch Rufe und beginnt erst zu fressen, wenn diese da sind. Große Brocken werden meist mit dem Fuß festgehalten und dann zerkleinert.

Fast überall dort, wo Menschen leben, ob in Dörfern, Vorstädten oder Stadtzentren mit großen Parkanlagen, kann man Haussperlinge beobachten. Ihre Nahrung besteht hauptsächlich aus Samen, Körnern, Knospen oder aus Haushaltsabfällen. Das kugelförmige Nest aus Stroh oder Gras legen die Tiere in Höhlen, Spalten, Nischen an Bauwerken, in Felsen, Erdwänden oder Bäumen an. Sie suchen sich auch ungewöhnliche Nistplätze (wie Straßenlampen oder Baumaschinen).

Der Haussperling wird 14 bis 16 cm groß.

Der Haussperling kommt ganzjährig vor.

Jan | Feb | Mär | Apr | Mai | Jun | Jul | Aug | Sep | Okt | Nov | Dez

Die Rohrammer

028

wird auch Rohrspatz genannt

Von der Färbung her ähnelt die Rohrammer einem Spatzen. Kopf und Kehle sind schwarz mit einem weißen Bartstreifen und weißem Halsband. Der Schnabel ist klein und zierlich. Die Oberseite des Gefieders ist rotbraun mit schwarzen Streifen, die Unterseite weißlich. Das Weibchen ist am Kopf braun. Meist hörst du die hohen „**Zieh**"-Rufe aus dem Schilf oder am Ufer.

Männchen

Weibchen

Die Rohrammer kommt häufig an Gewässern, Sümpfen und Mooren mit ausreichend Schilf und Röhricht vor. Hier sitzt sie gern oben an einem Schilfhalm und singt. Im Herbst fliegen die meisten Rohrammern zum Überwintern in den Mittelmeerraum, nur wenige bleiben bei uns.

Wichtig zu wissen!

Rohrammern haben ihre Nester oft am Boden. Kommt ein Nesträuber oder ein Störenfried in die Nähe des Nests, versucht die Rohrammer, den Feind abzulenken. Plötzlich flattert und hüpft sie mit hängenden Flügeln und mimt ein verletztes Tier. Hat sie den Feind vom Nest weggelockt, fliegt sie wieder munter davon.

Die Rohrammer wird 13 bis 15 cm groß.

Die Rohrammer kommt von März bis Oktober vor.

Jan | Feb | Mär | Apr | Mai | Jun | Jul | Aug | Sep | Okt | Nov | Dez

Der Kernbeißer

029

Du erkennst den Kernbeißer sofort an seinem kräftigen, dicken Schnabel und seiner Größe. Das Männchen hat einen orangebraunen Kopf und ein graues Nackenband. Das Weibchen ist etwas blasser. Die schwarz-weißen Flügel und das weiße Schwanzende sind im Flug gut zu erkennen. Der Gesang ist sehr leise und kaum zu hören, dafür ruft er sehr laut ein scharfes „**Zick**".

Kernbeißer im Flug

Männchen

Erstaunlich!

Mit seinem dicken Schnabel kann der Kernbeißer ungeheuren Druck ausüben. Außerdem hat er scharfe Schneidkanten im Schnabel und knackt damit mühelos Kirschkerne auf. Dabei erzeugt er einen Druck von bis zu 70 kg. Vielleicht hast du schon mal aus Versehen auf einen Kirschkern gebissen, dann weißt du sicherlich, wie hart er ist.

Der Kernbeißer brütet in Parks, Laub- und Mischwäldern. Im Sommer verbringt er die meiste Zeit in den Baumkronen und kommt nur zum Trinken auf den Boden. Am besten kannst du ihn im Winter beobachten, wenn die Bäume kahl sind und er zum Fressen an die Futterstellen kommt.

Der Kernbeißer wird 17 bis 18 cm groß.

Der Kernbeißer kommt ganzjährig vor.

Jan | Feb | Mär | Apr | Mai | Jun | Jul | Aug | Sep | Okt | Nov | Dez

Der Gimpel 030

Wird auch Dompfaff genannt

Männchen

Ein gemütlicher, dicklicher Vogel mit hellrotem Brust- und Bauchgefieder, einer schwarzen Kopfplatte und einem schwarzen Gesicht – das kann nur der Gimpel sein. Der Rücken ist grau und im Flug leuchtet ein weißer Bürzel auf. Auffällig ist auch der dicke Körnerfresserschnabel. Das Weibchen ist etwas blasser gefärbt und hat ein hellbraunes Brust- und Bauchgefieder. Mit weichen „**Djüh**"- oder „**Bit-bit**"-Rufen halten die Gimpel untereinander Kontakt.

Weibchen

Erstaunlich!

Früher wurden Gimpel häufig wie Kanarienvögel in Käfigen gehalten. Nicht nur wegen ihres schönen Gefieders, sondern auch wegen ihres Gesangs. Denn junge Gimpel sind sehr lernfähig. In der Natur lernen sie die Strophen von ihren Eltern. Wird ein junger Gimpel aber mit der Hand aufgezogen, kann er ein bis zwei Melodien und ganze Liederstrophen lernen, die ihm sein Pfleger vorpfeift.

In gebüschreichen Nadel- und Mischwäldern, auf Friedhöfen, in Parks und Gärten ist der Gimpel im Sommer zu Hause. Während der Brutzeit verhält er sich sehr unauffällig, sodass man ihn kaum sieht.

Der Gimpel wird 16 bis 17 cm groß.

Der Gimpel kommt ganzjährig vor.

Jan	Feb	Mär	Apr	Mai	Jun	Jul	Aug	Sep	Okt	Nov	Dez

Die Nachtigall 031

Die Nachtigall gilt als einer der besten Sänger unserer Vogelwelt. Trotz des Namens kannst du ihrem lauten, melodischen Gesang auch morgens oder abends lauschen. Sie lebt im dichten Gebüsch, deshalb ist sie selten zu sehen. Das Gefieder ist sehr unscheinbar: Die Oberseite ist einfarbig rotbraun mit rostrotem Schwanz, die Unterseite ist weißlich mit bräunlicher Brust.

Nachtigall im Gebüsch

Du findest sie in dichten Gebüschen von Parks, Waldrändern, Flussufern, Gräben und Auwäldern. Sie lebt gern in der Nähe von Gewässern und anderen feuchten Standorten, dort bleibt sie meist gut versteckt im Dickicht. Ihr Nest baut sie am Boden. Im Herbst zieht sie zum Überwintern ins südliche Afrika.

Erstaunlich!

Obwohl sie die wenigsten je gesehen haben, ist die Nachtigall einer der bekanntesten Vögel. Ihr Gesang besteht aus mehreren „Strophen“, bei denen Einzel- und Doppeltöne aneinandergereiht sind. Häufig werden gegen Ende Teile rhythmisch wiederholt. Dabei entsteht das sogenannte „Schlagen“.

singende Nachtigall

Die Nachtigall wird 16 bis 17 cm groß.

Die Nachtigall kommt von April bis September vor.

Jan | Feb | Mär | Apr | Mai | Jun | Jul | Aug | Sep | Okt | Nov | Dez

Die Wiesenschafstelze

032

An der leuchtend gelben Unterseite und dem grünlichen Rücken kannst du die Wiesenschafstelze leicht von der Bachstelze unterscheiden. Der Kopf ist grau und hat einen weißen Überaugenstreif. Im Frühjahr und im Herbst siehst du sie oft in kleinen Trupps, abends sammeln sie sich in großen Schlafgemeinschaften im Schilf. Beim Auffliegen ruft die Wiesenschafstelze weich „**psieh**".

Wiesenschafstelze im Flug

Der Name Wiesenschafstelze verrät, wo du sie am ehesten finden kannst: auf feuchten, kurzgrasigen Wiesen oder Viehweiden, wo sie neben Kühen oder Schafen umhertrippelt und aufgescheuchte Insekten fängt. Ihr Nest baut sie am Boden, gut versteckt zwischen Grasbüscheln, oder auch in Raps-, Rüben- und Getreidefeldern.

Schau genau!

Neben der Wiesenschafstelze gibt es in Europa noch andere sehr ähnliche Arten. Sie unterscheiden sich durch die Kopfzeichnung. Wenn du genau hinschaust, kannst du vielleicht im Frühling auch eine **Nordische Schafstelze** entdecken, die auf dem Weg nach Skandinavien ist. Sie hat keinen Überaugenstreif und das Grau am Kopf ist dunkler.

Nordische Schafstelze

Die Wiesenschafstelze wird 15 bis 17 cm groß.

Die Wiesenschafstelze kommt von April bis September vor.

Jan | Feb | Mär | **Apr** | **Mai** | **Jun** | **Jul** | **Aug** | **Sep** | Okt | Nov | Dez

Die Bachstelze 033

Mit kleinen, trippelnden Schritten läuft die Bachstelze umher. Dabei wackelt sie mit dem Kopf und wippt oft mit ihrem langen Schwanz. Das Gefieder ist schwarz-weiß und grau. Auffällig sind der schwarze Kehllatz, die schwarze Kopfkappe und die weiße Gesichtsmaske. Im wellenförmigen Flug ruft sie „**zli-ipp**" oder „**ziwlitt**".

Wichtig zu wissen!

Der Name Bachstelze passt eigentlich viel besser zur **Gebirgsstelze**, denn sie lebt an sauberen, schnell fließenden Bächen und kleinen Flüssen. Dort baut sie ihr Nest in die Uferböschung oder in Höhlungen von Brücken. Du erkennst sie leicht an ihrem blaugrauen Rücken und Kopf, der gelben Unterseite und dem gelben Bürzel. Das Männchen hat im Gegensatz zum Weibchen eine schwarze Kehle.

Die Bachstelze ist ein Kulturfolger, sie wohnt gern in der Nähe von menschlichen Siedlungen. Hier baut sie ihr Nest in Nischen und Halbhöhlen, zum Beispiel in Holzstapeln oder unter dem Dach des Gartenhäuschens. Im Oktober ziehen die meisten Bachstelzen ans Mittelmeer, einige bleiben im Winter in warmen Gegenden auch hier.

Gebirgsstelze (Männchen)

Die Bachstelze wird 17 bis 19 cm groß.

Die Bachstelze kommt von März bis Oktober vor.

Jan	Feb	Mär	Apr	Mai	Jun	Jul	Aug	Sep	Okt	Nov	Dez

Der Neuntöter 034

wird auch Rotrückenwürger genannt

Das Männchen hat einen grau-weißen Kopf mit einer schwarzen Gesichtsmaske. Am schwarzen, hakenförmigen Schnabel erkennst du, dass er ein Fleischfresser ist. Neben der rotbraunen Oberseite und der leicht rosafarbenen Brust fällt im Flug das schwarz-weiße Schwanzmuster auf. Das Weibchen ist blasser gefärbt, hat keine schwarze Maske und eine gebänderte Unterseite. Am häufigsten hörst du ein heiseres „**Dschääh**" oder ein scharfes „**Teck-teck**".

Erstaunlich!

Hat der Neuntöter mehr gefangen, als er fressen oder an seine Jungen verfüttern kann, spießt er die überschüssige Beute auf Dornen auf. So hat er auch bei schlechtem Wetter genug zu fressen. Früher glaubte man, er würde erst neun Beutetiere aufspießen, bevor er anfängt zu fressen. So hat er seinen Namen bekommen.

Erst im Mai kommen die Neuntöter aus ihrem weit entfernten Winterquartier im südlichen Afrika zurück. Sie brüten in offenen Landschaften mit Hecken und Gebüschen. Auf erhöhten Plätzen wie Buschspitzen oder Pfosten halten sie nach Insekten Ausschau, aber auch Mäuse, Jungvögel oder Eidechsen stehen auf ihrem Speiseplan.

Der Neuntöter wird 17 cm groß.

Der Neuntöter kommt von Mai bis September vor.

Jan	Feb	Mär	Apr	**Mai**	**Jun**	**Jul**	**Aug**	**Sep**	Okt	Nov	Dez

Die Feldlerche

035

Das Gefieder der Feldlerche ist auf der Oberseite erdfarben bis graubraun mit dunkler Zeichnung, die Brust ist gelblich weiß mit schwarzbraunen Streifen. Auffällig sind der lange Schwanz mit weißen Außenkanten und die kurze, struppige Haube am Kopf, die sich bei Erregung aufrichtet.

Mach mit!

Ab April kannst du auf Feldern und Äckern den wunderschönen Ruf der Feldlerche („**trieh**“ oder „**trilie**“) hören. Versuch doch mal, ihren Gesang aufzunehmen, dann kannst du ihn dir immer wieder anhören. Was kannst du noch für Rufe hören und erkennen?

Nest am Boden

Als Brutgebiet nutzt die Feldlerche offene Landschaften mit Feldern, Wiesen, Brachen und einzelnen Bäumen oder Büschen, in denen es ausreichend Nahrung (Insekten, Würmer, Schnecken, Samen, Pflanzenteile) gibt. Das Nest aus Grashalmen und Wurzeln wird am Boden in einer Mulde zwischen Pflanzen angelegt. Leider gibt es nicht mehr so viele Feldlerchen wie früher, da Felder und Äcker stark bewirtschaftet und mit giftigen Unkraut- und Schädlingsbekämpfungsmitteln behandelt werden.

Die Feldlerche wird 16 bis 18 cm groß.

Die Feldlerche kommt von März bis September vor.

Jan | Feb | Mär | Apr | Mai | Jun | Jul | Aug | Sep | Okt | Nov | Dez

Die Goldammer

036

Der intensiv gelbe Kopf und die gelbe Unterseite geben der Goldammer ihren Namen. Der Bürzel ist rostrot, der Rücken braun gestreift. Über die Brust zieht sich ein braunes Band. Das Weibchen ist blasser und weniger stark gelb gefärbt. Auffällig ist der klirrende Gesang, der gut mit den Worten „**Ich, ich, ich hab dich so lieeeeb**" umschrieben wird.

Goldammer im Schnee

Unsere häufigste Ammer findest du auf offenen Heiden sowie Wiesen- und Ackerflächen mit Büschen und Hecken. Aber auch auf großen Waldlichtungen fühlt sie sich zu Hause. Ihr Nest liegt versteckt am Boden. Im Winter bilden sich kleine Schwärme, die meist in der Nähe von Scheunen und Bauernhöfen bleiben. Dort finden sie noch genügend Körner von der Getreideernte.

Mach mit!

Ist dir schon einmal aufgefallen, dass viele Vögel um die Mittagszeit nicht mehr singen? Versuch mittags einmal, nach Vogelstimmen zu lauschen. Du wirst feststellen, dass sich viele Vögel ein schattiges Plätzchen suchen und eine Pause vom Singen machen. Bis auf die Goldammer: Sie singt auch während der größten Hitze.

Die Goldammer wird 16 bis 17 cm groß.

Die Goldammer kommt ganzjährig vor.

Jan | Feb | Mär | Apr | Mai | Jun | Jul | Aug | Sep | Okt | Nov | Dez

Der Mauersegler

037

Den Mauersegler kannst du fast immer in der Luft beobachten. Mit seinen schmalen, sichelförmigen Flügeln und dem gegabelten Schwanz ist er ein perfekter Flieger. Er erinnert etwas an Schwalben, ist aber größer und hat bis auf eine helle Kehle ein schwarzes Gefieder. Die Beine sind so kurz, dass er damit kaum laufen kann.

Erstaunlich!

Der Mauersegler verbringt die meiste Zeit seines Lebens in der Luft, sogar im Schlaf. Dafür fliegt er abends bis zu 3 000 Meter hoch in die Luft. Dann segelt er die meiste Zeit. Er muss nur wenig mit den Flügeln schlagen, um ab und zu wieder an Höhe zu gewinnen. Bei Windstille segelt er in großen spiralförmigen Bahnen, um sich nicht so weit vom Ausgangspunkt zu entfernen.

Eigentlich brütet der Mauersegler in Felsspalten und Baumhöhlen. Mittlerweile lebt er aber auch in der Stadt und hat sich an das Leben in der Nähe der Menschen angepasst. Du kannst ihn gut dabei beobachten, wie er rasant durch die Häuserschluchten saust und schrill „**srii-srii**" ruft.

Der Mauersegler wird 17 bis 19 cm groß.

Der Mauersegler kommt von Mai bis August vor.

Jan	Feb	Mär	Apr	**Mai**	**Jun**	**Jul**	**Aug**	Sep	Okt	Nov	Dez

Die Rauchschwalbe

038

Im Flug fallen die langen Schwanzspieße dieses eleganten Fliegers auf. Das Rückengefieder der Rauchschwalbe glänzt metallisch blau, der Bauch ist weiß.. Stirn und Kehle sind auffällig dunkelrot. Im Sommer kannst du ihr schnelles, raues Zwitschern und ihren Flugruf „**Witt**“ in den Dörfern hören.

Rauchschwalbe im Flug

Im April kehren die Rauchschwalben aus ihren afrikanischen Winterquartieren zurück. Sie brüten dann bei uns gern auf Bauernhöfen, wo Kühe und Schweine viele Fliegen anziehen. Im Herbst sammeln sie sich für die Reise nach Afrika häufig auf Leitungsdrähten und im Schilf.

Schau genau!

Wie die Mehlschwalbe baut auch die Rauchschwalbe ein Nest aus Lehm. Du kannst sie dabei beobachten, wie sie in kleinen Pfützen mit dem Schnabel Lehmklümpchen sammelt. Doch während die Mehlschwalbe ihr Nest außen an Hauswänden anbringt, findest du die Rauchschwalbennester fast ausschließlich in Gebäuden und vor allem in Ställen. Schau genau hin, dann entdeckst du bestimmt ein Nest!

Die Rauchschwalbe wird 18 bis 20 cm groß.

Die Rauchschwalbe kommt von April bis Oktober vor.

Jan	Feb	Mär	Apr	Mai	Jun	Jul	Aug	Sep	Okt	Nov	Dez

Der Star 039

Der Star hat ein schwarzes bis grün-violettes, metallisch glänzendes Gefieder. Nach dem Gefiederwechsel im Herbst zeigen die neuen Federn eine weiße Spitze. Daher hat der Star seinen Namen, denn die weißen Spitzen sehen aus wie Sterne. Er wird dann auch Perlstar genannt. Bis zum Frühling haben sich die weißen Spitzen abgenutzt und das Gefieder ist deutlich schwärzer. Der Schnabel leuchtet gelb.

Schau genau!

Von Weitem sehen sich Star und Amsel recht ähnlich. Achte aber einmal darauf, wie sie über die Wiese laufen: Die Amsel hopst mit beiden Beinen, während der Star einen Fuß vor den anderen setzt und dabei mit dem Kopf wackelt. Der Star kann übrigens den Gesang anderer Vögel recht gut nachmachen. Also nicht wundern, wenn im Garten scheinbar ein Bussard ruft.

Perlstar

In lichten Wäldern, Parks und Gärten ist der Star zu Hause, wenn es dort geeignete Bruthöhlen gibt. Meist ist das eine alte Spechthöhle oder ein Nistkasten. Im Herbst bilden sich große Schwärme aus oft mehreren tausend Vögeln, die zum Überwintern in den Mittelmeerraum fliegen. Einige Stare bleiben in der kalten Jahreszeit auch bei uns, meist in den wärmeren Großstädten.

Der Star wird 19 bis 22 cm groß.

Der Star kommt von Februar bis November vor.

Jan	Feb	Mär	Apr	Mai	Jun	Jul	Aug	Sep	Okt	Nov	Dez

Der Buntspecht

040

An seinem schwarz-weißen Gefieder mit den knallroten Unterschwanzdecken erkennst du den Buntspecht. Das Männchen hat zusätzlich noch einen roten Fleck im Nacken. Im Frühling markiert er mit kurzen Trommelwirbeln auf morschem Holz sein Revier. Sonst hörst du meist nur ein kurzes „**Kicks-kicks**".

Erstaunlich!

Die Schnabelhiebe auf das harte Holz haben beim Specht keine Kopfschmerzen zur Folge. Der Schädel ist besonders dick und robust. Außerdem ist der Schnabel federnd mit dem Schädel verbunden.

Er kommt in allen Wäldern und Parks vor. Mit seinem kräftigen Schnabel zimmert er seine Bruthöhle in den Baumstamm. Wenn er nicht gerade baut, hämmert er mit dem Schnabel Insektenlarven aus dem morschen Holz, öffnet damit Nüsse oder pult Samen aus Tannenzapfen. Im Winter kommt er auch an die Futterhäuschen.

Der Buntspecht wird 23 bis 24 cm groß.

Der Buntspecht kommt ganzjährig vor.

Jan | Feb | Mär | Apr | Mai | Jun | Jul | Aug | Sep | Okt | Nov | Dez

Die Singdrossel

041

Die Singdrossel ist eine kleine, unauffällige Drossel. Mit ihrem braunen Rücken und der hellen Unterseite mit den schwarzen Tupfen ist sie prima getarnt. Ihr Gesang ist wunderschön und leicht zu erkennen, denn die Singdrossel wiederholt ihre kurzen Strophen immer zwei- bis dreimal.

Wichtig zu wissen!

In den letzten 150 Jahren hat eine weitere Drossel unsere Parks, Friedhöfe und Wälder besiedelt: die lautstarke **Wacholderdrossel**. Aus Sibirien kommend, hat sie in kurzer Zeit fast ganz Europa erobert. Mit ihrem grauen Kopf und Bürzel, dem kastanienbraunen Rücken und Flügeln und der orangebraunen, gestrichelten Brust ist sie unsere bunteste und geselligste Drossel, die oft große Schwärme bildet.

Wacholderdrossel

Die Singdrossel öffnet Schneckenhäuser an einem Stein („Drosselschmiede").

In Wäldern, Parks und auf Friedhöfen brütet die Singdrossel regelmäßig. Sie sucht unauffällig an Waldrändern und Hecken nach Nahrung. Im Oktober fliegt sie zum Überwintern nach West- und Südeuropa und kommt im März wieder zurück.

Die Singdrossel wird 20 bis 22 cm groß.

Die Singdrossel kommt von März bis Oktober vor.

Jan | Feb | Mär | Apr | Mai | Jun | Jul | Aug | Sep | Okt | Nov | De

Die Wasseramsel

042

Die Wasseramsel sieht aus wie eine Amsel mit kurzem Schwanz und kurzen Flügeln. Sie ist an der weißen Brust und Kehle leicht zu erkennen. Der Kopf und der Bauch sind braun. Im Sitzen macht sie oft wippende oder knicksende Bewegungen. Mit schnellen Flügelschlägen fliegt sie flach über das Wasser. Der helle, zwitschernde Gesang ist wegen des Wasserrauschens kaum zu hören.

Wasseramsel am Bach

Die Wasseramsel lebt an sauberen, schnell fließenden, steinigen Bächen und Flüssen. Sie sitzt häufig am Ufer oder auf Steinen mitten im Wasser. Ihr kugeliges Nest baut sie gut versteckt in Halbhöhlen in der Uferböschung oder unter Brücken. Spezielle Nisthilfen werden von ihr gern angenommen.

Erstaunlich!

Die Wasseramsel kann als einziger Singvogel tauchen und sogar unter Wasser auf dem Bachgrund laufen. Durch ihre Körperhaltung und Flügelstellung wird sie von der Strömung auf den Boden gedrückt. Sonst schwimmt sie unter Wasser mit rudernden Bewegungen der Flügel. Sie kann bis zu 30 Sekunden unter Wasser bleiben und nach Insektenlarven suchen.

Die Wasseramsel wird 17 bis 20 cm groß.

Die Wasseramsel kommt ganzjährig vor.

Jan | Feb | Mär | Apr | Mai | Jun | Jul | Aug | Sep | Okt | Nov | Dez

Die Amsel 043

Die männliche Amsel hat ein einheitlich pechschwarzes Federkleid und einen leuchtend gelben Schnabel. Dagegen ist das Weibchen eher unscheinbar braun gefärbt. Die Amsel zählt zu unseren schönsten und melodischsten Sängern. Im Winter hörst du ihre schnellen „**Tick-tick**"-Rufe.

Männchen

Amsel beim Brüten

Schau genau!

Amseln sind Meister im Nestbau. Zuerst wird ein napfförmiger Rohbau aus Wurzeln, Halmen und Moos angefertigt. Dann kleidet der Vogel das Ganze mit feuchter Erde und Lehm aus, sodass ein richtig hartes und stabiles Nest entsteht, wenn die Erde trocknet. Zuletzt polstert er mit einer Schicht feiner weicher Halme die Nestmulde aus. Die Nester werden meist in dichtem Gebüsch angelegt, kommen aber auch in einem Balkonkasten oder in einer offenen Garage vor. Vielleicht findest du ja eines bei euch in der Garage!

Eigentlich war die Amsel ein scheuer Waldvogel, doch vor ca. 150 Jahren ist sie langsam in unsere Dörfer und Städte eingewandert und zählt jetzt zu unseren häufigsten Brutvögeln.

Die Amsel wird 24 bis 29 cm groß.

Die Amsel kommt ganzjährig vor.

Jan | Feb | Mär | Apr | Mai | Jun | Jul | Aug | Sep | Okt | Nov | Dez

Der Pirol

044

Der Pirol wird auch Goldamsel genannt, denn beim Männchen ist das Gefieder leuchtend goldgelb. Nur die Flügel und der Schwanz sind schwarz. Die Weibchen sind unauffälliger gelbgrün bis olivgrün gefärbt. Beide haben einen roten Schnabel. Der kräftige und melodische Gesang des Männchens ist weithin zu hören, ein flötendes „**Dü-delüü-lio**". Das Weibchen ruft eher rau wie ein Eichelhäher „**wjäääk**".

Wichtig zu wissen!

Mit seiner leuchtenden Gefiederfärbung sieht der Pirol in der heimischen Vogelwelt richtig exotisch aus. Lange wussten die Forscher nicht, in welche Vogelgruppe sie den Pirol einordnen sollten. Durch Gen-Analysen haben sie festgestellt, dass der Pirol mit den Rabenvögeln verwandt ist. Seine nächsten Verwandten leben aber alle im tropischen Afrika und in Asien.

Ab Mai schallt der flötende Gesang des Vogels durch Au- und Laubwälder. Der Pirol lebt gern in der Nähe von Gewässern. Er ist nur schwer zu entdecken, denn er hält sich meist in den oberen Baumkronen auf und kommt nur selten auf den Boden. Das napfförmige Nest wird kunstvoll in eine Astgabel geflochten. Schon im August zieht er wieder ins tropische Afrika.

Das Männchen (rechts und oben) ist auffälliger gefärbt.

Der Pirol wird 22 bis 25 cm groß.

Der Pirol kommt von Mai bis August vor.

Jan | Feb | Mär | Apr | Mai | Jun | Jul | Aug | Sep | Okt | Nov | Dez

Der Alpenstrandläufer

045

Strandläufer sind oft schwer zu bestimmende Arten, da sie sich alle recht ähnlich sehen. Im Prachtkleid ist der Alpenstrandläufer an seinem schwarzen Bauchfleck zu erkennen. Das Winterkleid ist bräunlich grau und leicht geschuppt, die Unterseite weiß und an der Brust leicht gestichelt. Der schwarze Schnabel ist etwas nach unten gebogen. Sein Ruf ist etwas gepresst und klingt nach **„drrrü“** oder **„krrrü“**.

Wichtig zu wissen!

Der Name hat nichts mit den Alpen in Österreich und der Schweiz zu tun. Früher wurden auch die Berge in Skandinavien als Alpen bezeichnet. Dort brütet dieser Vogel in der Tundra mit niedrigem Pflanzenbewuchs.

Beim Durchzug in ihre Brut- oder Überwinterungsgebiete kannst du im Frühling und Herbst leicht zehntausende Alpenstrandläufer im Wattenmeer beobachten. Hier fressen sie sich die nötige Energie für den weiteren Weg an. Mit dem Schnabel stochern sie im Schlamm und suchen nach Würmern, kleinen Muscheln und Schnecken. Auch im Binnenland rasten immer wieder Vögel an schlammigen Gewässerufern.

Der Alpenstrandläufer wird 17 bis 21 cm groß.

Der Alpenstrandläufer kommt von August bis Mai vor.

Jan | Feb | Mär | Apr | Mai | Jun | Jul | Aug | Sep | Okt | Nov | Dez

Der Flussregenpfeifer 046

Der Flussregenpfeifer ist ein kleiner, etwas hektischer Watvogel. Besonders auffällig sind seine schwarz-weiße Kopfzeichnung und das schwarze Halsband. Seine Unterseite ist weiß, der Rücken und die Flügel sind braun. Das schwarze Auge wird von einem gelben Lidring umgeben. Die häufigsten Rufe sind ein hartes „**Pri-pri-pri ...**" oder ein pfeifendes „**Piui**".

Erstaunlich!

Auch Vögel können Theater spielen. Das kannst du beim Flussregenpfeifer beobachten, wenn seinem Nest oder den Jungen Gefahr von einem Feind droht. Dann lässt ein Elternteil plötzlich einen Flügel hängen und tut so, als wäre es verletzt und eine leichte Beute. So lenkt es den Feind ab und lockt ihn immer weiter vom Nest weg. Haben die Eltern den Feind weit genug weggelotst, fliegen sie plötzlich auf und bringen sich in Sicherheit.

Im April kommt der Flussregenpfeifer aus seinem afrikanischen Winterquartier zurück. Du kannst ihn auf Schlamm-, Kies- oder Sandflächen von Flüssen oder Baggerseen beobachten. Seine vier Eier legt er in eine Bodenmulde zwischen die Kieselsteine, wo sie unglaublich gut getarnt sind. Bei uns brütet er im Sommer oft zweimal.

Der Flussregenpfeifer wird 16 bis 18 cm groß.

Der Flussregenpfeifer kommt von April bis September vor.

Jan | Feb | Mär | Apr | Mai | Jun | Jul | Aug | Sep | Okt | Nov | Dez

Der Eisvogel 047

Der Eisvogel ist einer unserer schönsten heimischen Vögel. Sein türkisblau schimmerndes Rückengefieder, die rostrote Unterseite und der dolchartige Schnabel machen ihn unverkennbar. Das Weibchen hat einen orangenen Unterschnabel. Mit einem durchdringenden kurzen „**Ziii**"-Pfiff macht der Eisvogel auf sich aufmerksam.

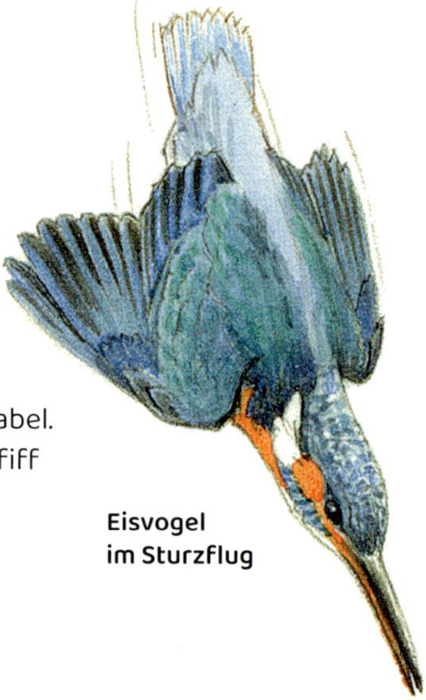

Eisvogel im Sturzflug

Weibchen

Wichtig zu wissen!

Fischchen fängt der Eisvogel im Sturzflug. Auf einem Ast über dem Wasser wartet er geduldig, bis unter ihm ein kleiner Fisch vorbeischwimmt. Dann stürzt er sich mit angewinkelten Flügeln wie ein Pfeil ins Wasser, schnappt den Fisch und fliegt zurück auf den Ast. Dort schlägt er den Fisch gegen den Ast und schluckt ihn dann Kopf voran hinunter.

Der Eisvogel kommt an klaren Bächen und Flüssen vor. In einer Steilwand am Ufer gräbt er eine ca. 1 m lange Bruthöhle in die Erde. Im Winter lebt er auch an kleineren Gewässern und Teichen, sogar in Parks.

Der Eisvogel wird 17 bis 19 cm groß.

Der Eisvogel kommt ganzjährig vor.

Jan | Feb | Mär | Apr | Mai | Jun | Jul | Aug | Sep | Okt | Nov | Dez

Der Kiebitz 048

Das auffälligste Merkmal des Kiebitzes ist seine lange, dünne Haube auf dem Kopf (auch „Federholle" genannt). Gesicht, Kehle und Brust sind schwarz, die Kopfseiten weiß. Die Federn der Oberseite schillern grünlich oder violett, der Bauch ist weiß.
Du erkennst ihn schon von Weitem an seinem langsamen Flug und an seinen breiten Flügeln. Zur Brutzeit vollführt er damit akrobatische Flugkunststücke oder vertreibt so energisch seine Feinde.
Seinen Namen verdankt er seinem typischen Ruf „**Kie-witt**".

Schau genau!

Bei Kiebitzen kannst du manchmal das sogenannte „Fußtrillern" beobachten: Dabei trommelt der Kiebitz mit dem Fuß auf den Boden und versucht so, Würmer aus der Erde zu locken. Deshalb sieht man diese Vögel auch oft auf frisch gepflügten Äckern auf der Suche nach Leckerbissen.

Früher war der Kiebitz auf Grünflächen mit kurzem Gras wie Feuchtwiesen, Weiden und Mooren weit verbreitet. Da diese seltener geworden sind, brütet er auch oft auf Äckern. Leider wird das Nest dort oft durch frühe Ernten oder den starken Maschineneinsatz zerstört. Der Kiebitz bleibt nur kurze Zeit in seinem Winterquartier. In wärmeren Gebieten an der Küste bleibt er auch das ganze Jahr.

Der Kiebitz wird 28 bis 31 cm groß.

Der Kiebitz kommt von März bis November vor.

Jan | Feb | Mär | Apr | Mai | Jun | Jul | Aug | Sep | Okt | Nov | Dez

Der Austernfischer

049

In Nordfriesland wird der Austernfischer auch Halligstorch genannt, denn mit seinem schwarz-weißen Gefieder, den roten Beinen und dem langen roten Schnabel sieht er aus wie ein kleiner Schwarzstorch. Er ruft häufig und laut „**bick**" oder „**bi-wik**" und trillernd „**kliklikliklikli ...**".

Er ist einer der auffälligsten Vögel an der Nordseeküste. An der Ostsee kommt er dagegen deutlich seltener vor. Der Austernfischer legt seine drei Eier in eine einfache Bodenmulde, gern in Kies oder in angeschwemmte Muschelschalen. So sind sie sehr gut getarnt.

Schau genau!

Wie sein Name schon sagt, frisst der Austernfischer Muscheln, besonders Herz- und Miesmuscheln. Von seinen Eltern lernt er eine von zwei Methoden, die Muschel zu öffnen. Entweder hämmert er mit dem Schnabel kräftig darauf, bis die Schale zerbricht, oder er stößt zwischen die Schalenhälften und durchtrennt den Schließmuskel der Muschel. Je nach Methode ist die Schnabelspitze des Vogels vorne stumpf (Hämmern) oder ganz spitz. Vielleicht kannst du die Form mit dem Fernglas erkennen. Ansonsten frisst er noch Würmer, Krebse und Insekten.

Der Austernfischer wird 39 bis 44 cm groß.

Der Austernfischer kommt ganzjährig vor.

Jan | Feb | Mär | Apr | Mai | Jun | Jul | Aug | Sep | Okt | Nov | De

Der Eichelhäher 050

Mit seinem „**Rähhh**"-Ruf warnt der Eichelhäher, wenn ein Feind oder Störenfried in sein Reich eindringt. Aber auch an seinem rosabraunen Gefieder mit dem schönen schwarz-blauen Flügelfeld kannst du ihn leicht erkennen. Im Flug fallen der schwarze Schwanz und der weiße Bürzel auf.

Der Eichelhäher kommt in Wäldern, Parks und auf Friedhöfen vor. Hauptsache, dort stehen genügend Eichen. Im Herbst frisst dieser Vogel besonders Eicheln, Bucheckern und Früchte. Im Sommer plündert er auch das ein oder andere Singvogelnest.

Wichtig zu wissen!

Der Eichelhäher wird auch Polizist und Gärtner des Waldes genannt. Polizist, weil er jeden ungeliebten Eindringling entdeckt und mit seinen lauten Rufen verrät. Gärtner, weil er unfreiwillig Bäume pflanzt. Im Herbst vergräbt er nämlich wie das Eichhörnchen viele Eicheln und Nüsse als Wintervorrat. Da er aber nicht alle wiederfindet, können so neue Bäume wachsen.

Der Eichelhäher wird 32 bis 35 cm groß.

Der Eichelhäher kommt ganzjährig vor.

Jan | Feb | Mär | Apr | Mai | Jun | Jul | Aug | Sep | Okt | Nov | Dez

Der Turmfalke 051

Wie ein Hubschrauber kann der Turmfalke in der Luft stehen, indem er kräftig mit den Flügeln rüttelt. Der lange Schwanz dient dabei als Steuerruder. Daran kannst du ihn gut im Flug erkennen.

Rüttelflug

Das Männchen hat einen grauen Kopf und einen rotbraunen Rücken mit schwarzen Tupfen. Das Weibchen ist braun mit schwarzer Bänderung.

Wichtig zu wissen!

Der Bruterfolg von Greifvögeln wie dem Turmfalken ist stark von seiner Beute abhängig. Ein Turmfalke braucht pro Tag ungefähr zwei Mäuse. Wenn er viele Mäuse fängt, legt der Turmfalke auch mehr Eier, denn er kann seine Jungen ausreichend füttern. In einem schlechten Mäusejahr legt er weniger Eier.

Früher nistete der Turmfalke an Felsabbrüchen. Aber wie der Name schon sagt, nutzt er auch Türme, Häuser, Scheunen oder verlassene Krähennester als Nistplatz. Für die Jagd nach Mäusen und großen Insekten bevorzugt er Wiesen und Ackerflächen. In der Stadt machen Turmfalken eher Jagd auf Kleinvögel.

Männchen mit Maus

Der Turmfalke wird 31 bis 37 cm groß.

Der Turmfalke kommt ganzjährig vor.

Jan | Feb | Mär | Apr | Mai | Jun | Jul | Aug | Sep | Okt | Nov | De

Der Sperber

052

Seinen Namen verdankt der Sperber seinem gestreiften Brustgefieder, was als „gesperbert" bezeichnet wird. Beim kleineren Männchen ist die Unterseite eher orange-braun, beim großen Weibchen weiß-braun gestreift. Außerdem hat das Männchen einen grauen Rücken, das Weibchen einen braunen. Im Vergleich zu Falken sind die Flügel viel breiter und der Schwanz ist länger. So kann er rasant scharfe Kurven fliegen.

Schau genau!

Der Größenunterschied von Männchen und Weibchen ist beim Sperber gewaltig. Wenn du sie zusammen siehst, glaubst du kaum, dass sie zusammengehören. Das Weibchen ist fast ein Drittel größer und knapp doppelt so schwer wie das Männchen. So fängt das Männchen vor allem kleinere Singvögel, während das Weibchen auch Beute bis zur Taubengröße fangen kann.

Weibchen

Männchen

Der Sperber mag abwechslungsreiche Gebiete mit Wäldern, Hecken und Gebüschen. So ist er auch in Parks anzutreffen. Vor allem im Winter kommt er in Städte und Dörfer, denn als reiner Vogelfänger hofft er auf Beute an den Futterstellen.

Der Sperber wird 29 bis 41 cm groß.

Der Sperber kommt ganzjährig vor.

Jan | Feb | Mär | Apr | Mai | Jun | Jul | Aug | Sep | Okt | Nov | Dez

Die Waldohreule

053

An ihren „Federohren“, die sie bei Erregung aufrichtet, kannst du die schlanke Waldohreule gut erkennen. Sie hat ein braun geschecktes, baumrindenartiges Gefieder, mit dem sie tagsüber bestens getarnt ist. Im Frühling hörst du nachts im Wald oder Park ihre gedämpften „**Uh-uh**“-Rufe. Die „Federohren“ sind übrigens nur Federbüschel!

Wichtig zu wissen!

Eulen verfügen über fantastische Sinnesleistungen. Mit ihren großen, starren Augen können sie nachts drei- bis zehnmal so gut sehen wie ein Mensch. Die Ohren sind so gut, dass sie nicht nur das leiseste Rascheln einer Maus hören, sondern auch genau wissen, wo sie sitzt. Beim Jagen helfen ihnen auch die winzigen Härchen auf ihrem Gefieder, die einen lautlosen Flug ermöglichen.

Sie nistet an Waldrändern, in Feldgehölzen, Parks oder auf Friedhöfen. Meist brütet sie in verlassenen Krähen- oder Elsternestern. Im Winter kommen viele Waldohreulen in die Städte. Sie übernachten gern zu mehreren im gleichen Nadelbaum.

Jungvogel (= Ästling)

Die Waldohreule wird 31 bis 37 cm groß.

Die Waldohreule kommt ganzjährig vor.

Jan | Feb | Mär | Apr | Mai | Jun | Jul | Aug | Sep | Okt | Nov | Dez

Der Waldkauz

054

Tagsüber sitzt der Waldkauz gut versteckt in einer Baumhöhle. Durch sein braun gestreiftes, rindenfarbiges Gefieder ist er bestens getarnt. Er hat einen großen runden Kopf, mit großen schwarzen Augen. Wenn es in Filmen besonders gruselig werden soll, hört man im Hintergrund oft die Stimme des Waldkauzes, der dumpf „**huuh hu-huhuu**" durch die Nacht ruft. Im Wald hörst du diesen Ruf besonders im Frühling und Herbst. Das Weibchen ruft kurz „**kuitt**".

Erstaunlich!

Eulen besitzen im Gegensatz zu allen anderen Wirbeltieren nicht 7, sondern 14 Halswirbel. So haben sie einen besonders beweglichen Hals, den sie weit über den Rücken drehen können. Das müssen sie auch, denn ihre Augen können nicht nach rechts oder links schauen, sondern sitzen starr in den Augenhöhlen.

Der Waldkauz kommt in Wäldern, Parks und Feldgehölzen vor. Er sucht alte, höhlenreiche Bäume, um darin zu brüten. Manchmal zieht er auch in alte Schornsteine ein und sitzt dann abends auf dem Hausdach. Die Jungen verlassen schon sehr früh das Nest und klettern als Ästlinge in den Bäumen herum, bis sie richtig fliegen können.

Der Waldkauz wird 37 bis 42 cm groß.

Der Waldkauz kommt ganzjährig vor.

an | Feb | Mär | Apr | Mai | Jun | Jul | Aug | Sep | Okt | Nov | Dez

Die Reiherente

055

Die Reiherente erkennst du leicht an ihrem schwarzen Gefieder mit den weißen Seiten. Die weiße Unterseite kannst du schlecht sehen, wenn der Vogel schwimmt. Am Hinterkopf hat diese Ente einen Federschopf wie ein Reiher. Die gelben Augen leuchten schön am dunklen Kopf. Wenn du genau hinschaust, siehst du, dass der Kopf leicht purpurblau schimmert. Im Schlichtkleid ist das Männchen wie das Weibchen dunkelbraun gefärbt.

Wichtig zu wissen!

Im Gegensatz zu den meisten Enten, die im April und Mai brüten, sieht man bei der Reiherente auch noch im Juli und August Eltern mit ihren Kleinen. Die Reiherenten bauen ihr Nest gern in der Nähe von Lachmöwenkolonien. Die mutigen Lachmöwen sind sehr wachsam und schlagen Nesträuber häufig in die Flucht.

Weibchen mit Jungen

Weibchen

Männchen

Neben der Stockente ist die Reiherente unsere häufigste Ente. Du findest sie an allen größeren Gewässern, aber auch an Parkteichen. Die Reiherente gehört zu den Tauchenten, denn sie sucht den Teichgrund nach Muscheln, Schnecken und Insektenlarven ab. Im Winter bildet sie oft gesellige große Gruppen.

Die Reiherente wird 40 bis 47 cm groß.

Die Reiherente kommt ganzjährig vor.

Jan | Feb | Mär | Apr | Mai | Jun | Jul | Aug | Sep | Okt | Nov | Dez

Das Teichhuhn

056

Teichhuhn mit Jungtier

Das Teichhuhn ist eine leicht zu bestimmende Ralle. Es hat ein rotes Stirnschild und einen roten Schnabel mit gelber Spitze. Kopf, Nacken und Unterseite sind blauschwarz, der Rücken dunkelbraun. Auffällig ist der weiße Bürzel. An Land siehst du die gelbgrünen Beine mit den langen Zehen, mit denen es auch gut über Schwimmpflanzen laufen kann. Teichhühner schwimmen mit ruckartigen Halsbewegungen.

Das Teichhuhn kommt sowohl an Seen und Teichen als auch an fließenden Gewässern vor. In Parkanlagen kann es recht zutraulich werden, sonst ist es eher scheu und hält sich in der Deckung von Gebüschen auf. Trotz der langen Zehen kann es erstaunlich gut im niedrigen Gebüsch am Ufer klettern.

Wichtig zu wissen!

Die jungen Teichhühner sind zwar Nestflüchter, kommen aber in den ersten Tagen nach dem Schlüpfen immer wieder zurück, um sich füttern zu lassen. Auch die Nacht verbringen sie im Nest, teilweise in extra dafür gebauten Schlafnestern. Bei einer Zweitbrut kann es vorkommen, dass sich die älteren Geschwister an der Aufzucht des Nachwuchses beteiligen.

Das Teichhuhn wird 27 bis 31 cm groß.

Das Teichhuhn kommt ganzjährig vor.

an | Feb | Mär | Apr | Mai | Jun | Jul | Aug | Sep | Okt | Nov | Dez

Die Blässralle 057

wird auch Blässhuhn genannt

Bis auf den weißen Schnabel und das weiße Stirnschild ist die rundliche Blässralle komplett schwarz. An den Zehen hat sie keine Schwimmhäute wie die Enten, sondern Schwimmlappen. Oft hörst du ein trötendes „**Köck**“ oder ein hohes „**Pix**“. Mit einem kleinen Kopfsprung taucht sie unter ins Wasser und sucht nach Nahrung.

Schau genau!

Im Winter sind Blässrallen gesellige Vögel, die dicht nebeneinander herschwimmen und sich höchstens mal ums Futter streiten. Im Frühling werden sie aber zu Einzelgängern, da wird keine andere Blässralle im eigenen Revier geduldet. Erst droht sie dem Eindringling mit gesenktem Kopf und hochgehaltenen Flügeln. Hilft das nicht, tritt sie heftig mit den Füßen um sich.

Altvögel beim Kampf

Auf fast jedem See und Parkteich findest du Blässrallen. Sie fressen fast alles, von Gras über Algen bis hin zu Muscheln und Schnecken. Im Winter siehst du sie oft in großen Gruppen. Dann kommen noch viele Blässrallen aus Nord- und Osteuropa zum Überwintern zu uns.

Blässralle taucht nach Nahrung.

Die Blässralle wird 36 bis 42 cm groß.

Die Blässralle kommt ganzjährig vor.

Jan | Feb | Mär | Apr | Mai | Jun | Jul | Aug | Sep | Okt | Nov | De

Die Türkentaube

058

„**Du-duh-du**" ruft die Türkentaube von einem Hausdach und macht so auf sich aufmerksam. Die relativ kleine, langschwänzige Taube hat ein einheitlich sandbraunes Gefieder, an dem dir bestimmt schon das schwarze Nackenband aufgefallen ist.

vor ca. 100 Jahren

heutige Verbreitung

Die Türkentaube ist ein Kulturfolger. Du findest sie in Städten, Dörfern, Parks und Gärten. Das Nest besteht aus lose zusammengeworfenen trockenen Zweigen und sieht sehr unfertig aus. Darin werden zwei- bis dreimal im Jahr zwei Junge großgezogen. Im Winter kommen Türkentauben auch an die Futterhäuschen.

Erstaunlich!

Seit ca. 100 Jahren breitet sich die Türkentaube aus dem Südosten Europas rasant aus. Noch um 1950 gab es keine brütenden Türkentauben in Deutschland. Heutzutage hat sie ganz Westeuropa erobert. Solche Ausbreitungen von Vogelarten kommen immer wieder vor, meist verlaufen sie aber nicht so schnell wie bei dieser Vogelart.

Die Türkentaube wird 31 bis 34 cm groß.

Die Türkentaube kommt ganzjährig vor.

Jan | Feb | Mär | Apr | Mai | Jun | Jul | Aug | Sep | Okt | Nov | Dez

Die Ringeltaube 059

Die Ringeltaube ist die größte Taube Europas. Ihr Körper wirkt recht dick im Gegensatz zum relativ kleinen Kopf. Das Gefieder ist blaugrau mit rosavioletter Brust. Der weiße Fleck am Hals fällt sofort auf, ebenso die weißen Streifen im Flügel, wenn sie fliegt. Beim Auffliegen hörst du oft ein Flügelklatschen. Sie ruft vier- bis fünfmal hintereinander „**gurrr-gurr-gurr**".

Schau genau!

Viele Vogelarten machen im Frühling nicht nur mit ihrem Gesang auf sich aufmerksam und grenzen so ihr Revier ab. Sie verbinden ihren Gesang mit besonderen Flugmanövern, den Balzflügen. Die Ringeltaube steigt zunächst 20 bis 30 m hoch in die Luft, um dann mit gestreckten Flügeln und gespreiztem Schwanz wieder abwärts zu gleiten. Am höchsten Punkt hörst du sie mit den Flügeln klatschen. Den Balzflug wiederholt sie bis zu fünfmal hintereinander.

Die Ringeltaube brütet sowohl in Laubwäldern als auch in offenen Landschaften mit Baumgruppen und vielen Hecken. Aber auch in Parks, Gärten und auf Friedhöfen kommt die Ringeltaube vor. Im Winter bilden sich größere Schwärme, die auf den abgeernteten Getreidefeldern nach übrig gebliebenen Körnern suchen. Im Wald suchen sie nach Bucheckern und Eicheln.

Die Ringeltaube wird 38 bis 43 cm groß.

Die Ringeltaube kommt ganzjährig vor.

Jan | Feb | Mär | Apr | Mai | Jun | Jul | Aug | Sep | Okt | Nov | De

Die Straßentaube

060

Die typische Straßentaube gibt es nicht. Sie kommt mit bräunlichem, schwärzlichem oder weißlichem Gefieder vor. Häufig ist sie jedoch einfach grau gefärbt und schimmert am Hals grünlich und violett, denn ursprünglich stammt sie von der Felsentaube ab. Schon seit ca. 7 000 Jahren werden Tauben wegen ihres leckeren Fleischs, aber auch als zuverlässige Brieftauben gezüchtet. Männchen und Weibchen geben dumpfe Gurrlaute von sich: „**gurr**" oder „**grou-u**".

Schau genau!

Beobachte die Straßentauben mal beim Trinken am Brunnen und vergleich sie mit anderen Vögeln. Diese müssen immer den Kopf heben, damit das Wasser die Kehle hinunterfließen kann. Nicht so die Tauben, sie gehören zu den wenigen Vögeln, die das Wasser aufsaugen können.

Da sie von der Felsentaube abstammen, lieben auch die Straßentauben klippenartige Felsen. Sie bauen ihre kargen Nester auf Fenstersimsen oder in Nischen von Gebäuden. Straßentauben brüten zwei bis vier Mal im Jahr. Da sie mit ihrem Kot die Gebäude verschmutzen, wird versucht, die Anzahl der Tauben klein zu halten.

Die Straßentaube wird 29 bis 35 cm groß.

Die Straßentaube kommt ganzjährig vor.

Jan | Feb | Mär | Apr | Mai | Jun | Jul | Aug | Sep | Okt | Nov | Dez

Der Kuckuck 061

Der schlanke Vogel mit den spitzen, schmalen Flügeln und dem langen Schwanz sieht ein bisschen aus wie ein Falke. Kopf, Brust und die Oberseite sind grau, der Bauch ist dunkel quer gestreift. An der Stimme ist der Kuckuck am einfachsten zu erkennen, denn er ruft laut seinen Namen: „**Kuckuck-kuckuck!**"

Erstaunlich!

Der Kuckuck baut kein eigenes Nest. Er beobachtet Nester anderer Singvögel. Im richtigen Moment klaut er ein Ei und legt sein eigenes hinein. Der Singvogel bemerkt das nicht, denn das Kuckucksei sieht den anderen Eiern sehr ähnlich. Das Junge schlüpft meist als erstes und wirft sofort die anderen Eier oder Jungen aus dem Nest. Nun wird es von seinen viel kleineren Adoptiveltern großgezogen. Meist wählt die Kuckucksmutter Rotkehlchen, Hausrotschwänze oder Rohrsänger als Adoptiveltern.

Junger Kuckuck mit Adoptivmutter

Ab Mitte April kannst du den Kuckuck vor allem an Waldrändern, in Heckenlandschaften und in Moorgebieten rufen hören. Im September macht er sich auf den langen Weg bis nach Zentralafrika.

Der Kuckuck wird 32 bis 36 cm groß.

Der Kuckuck kommt von April bis September vor.

Jan | Feb | Mär | Apr | Mai | Jun | Jul | Aug | Sep | Okt | Nov | Dez

Das Rebhuhn

062

Die wichtigsten Merkmale sind die orangerote Gesichtszeichnung, die graue Brust und die braune Bänderung an der Seite. Beim Auffliegen erkennst du die rundlichen Flügel und den kurzen rostroten Schwanz. Das Weibchen ist etwas schwächer gefärbt. Beim Auffliegen machen die Flügel ein burrendes Geräusch, die Vögel rufen dabei „**rick-rick**".

Hühnervögel haben einen kleinen Kopf und einen rundlichen Körper.

Schau genau!

Der zweite Hühnervogel, den du bei uns sehen kannst, ist der **Fasan**. Das Männchen hat ein rotbraun schillerndes Gefieder und sehr lange Schwanzfedern. Das Weibchen sieht mit seiner schlichten bräunlichen Färbung einem Rebhuhn schon ähnlicher. Ursprünglich lebte der Fasan vom Kaukasus bis China, aber schon die Römer haben ihn für die Jagd in Süd- und Mitteleuropa eingeführt. Auch heute noch werden Fasane ausgesetzt, um die Bestände zu erhalten.

Fasane sind deutlich größer.

Das Rebhuhn lebt auf offener Feldflur und Wiesen. Es braucht Hecken und Gebüsche, um sich zu verstecken. Am häufigsten kommt es in trockenen Landschaften mit schneearmen Wintern vor. Sein Nest ist eine ausgepolsterte Bodenmulde. Die Henne legt 10 bis 20 Eier. Im Herbst bleibt die Familie erst mal zusammen, das nennt man dann „Rebhuhnkette".

Das Rebhuhn wird 28 bis 32 cm groß.

Das Rebhuhn kommt ganzjährig vor.

Jan | Feb | Mär | Apr | Mai | Jun | Jul | Aug | Sep | Okt | Nov | Dez

Der Grünspecht 063

Der Grünspecht hat eine vorwiegend grüne Oberseite, eine kräftig rote Kopfkappe und eine schwarze Augenmaske. Das Männchen hat einen roten, schwarz umrandeten Bartstreif. Beim Weibchen ist der Bart einfarbig schwarz. Im Frühling ruft er laut lachend „**kjü-kjü-kjü-kjü-kjü**". Trommelgeräusche wie beim Buntspecht hörst du dagegen nur selten. Oft wird der Grünspecht auch als Erdspecht bezeichnet, weil er häufig auf dem Boden sitzt, um Ameisen zu erbeuten.

Wichtig zu wissen!

Die Hauptnahrung des Grünspechts sind Ameisen. Dabei kommt seine lange Zunge zum Einsatz, die mit ihren 10 cm weit in die Ameisengänge hineinreicht. Auch im Winter wollen die Grünspechte nicht auf ihre Lieblingsspeise verzichten und graben auch mal einen Tunnel in den Schnee, um an einen Ameisenhaufen heranzukommen.

Männchen

Ameisenhaufen

Der Grünspecht mag lichte Wälder, alte Obstwiesen, Parks oder Gärten mit alten Bäumen. Beim Nestbau ist er recht bequem. Entweder versucht er, eine verlassene alte Höhle zu finden oder er hackt eine neue in möglichst morsches Holz.

Der Grünspecht wird 30 bis 36 cm groß.

Der Grünspecht kommt ganzjährig vor.

Jan | Feb | Mär | Apr | Mai | Jun | Jul | Aug | Sep | Okt | Nov | Dez

Der Schwarzspecht

064

Der fast krähengroße Schwarzspecht ist leicht zu erkennen, denn außer den roten Scheitelfedern ist er komplett schwarz. Beim Weibchen ist nur der Hinterscheitel rot. Auge und Schnabel sind weißlich. Seine Flugrufe sind kilometerweit zu hören: „**Krrü-krrü-krrü-krrü …**", nach der Landung oft ein lang gezogenes „**Kliööh**". Auch seine kurzen Trommelwirbel sind sehr laut.

Wichtig zu wissen!

Der Schwarzspecht ist ein wichtiger Höhlenbauer. Seine großen, geräumigen Höhlen finden sofort einen Nachmieter, wenn er ausgezogen ist. Über 50 verschiedene Tierarten wurden in alten Schwarzspechthöhlen gefunden, zum Beispiel Hohltauben, Dohlen, Raufußkäuze, Schellenten, Fledermäuse, Marder, Wespen und Hornissen.

Er brütet am liebsten in alten Buchen- oder Mischwäldern, kommt aber auch in anderen Wäldern vor, sogar in großen Parks. Die Höhle zimmert er am liebsten in große Buchen in 10 bis 20 m Höhe. Dort zieht er die zwei bis sechs Jungen groß. Er lebt größtenteils von Holzameisen, die er aus dem morschen Stamm klopft, dabei entstehen rechteckige Löcher im Holz. Im Winter hackt er die Nester der Waldameisen auf.

Der Schwarzspecht wird 40 bis 46 cm groß.

Der Schwarzspecht kommt ganzjährig vor.

Jan | Feb | Mär | Apr | Mai | Jun | Jul | Aug | Sep | Okt | Nov | Dez

Die Lachmöwe

065

Mit ihrem schokoladenbraunen Kopf fällt die Lachmöwe im Brutkleid gleich auf. Schnabel und Beine sind kräftig rot gefärbt, die Flügelspitzen schwarz. Im Schlichtkleid bleibt von dem dunklen Kopf nur ein schwarzer Fleck hinter dem Auge.

Wichtig zu wissen!

Ihren Namen hat die Lachmöwe einer Verwechslung zu verdanken, denn ihre krähenden Rufe haben wenig mit Lachen zu tun. Und auch die Tatsache, dass sie gern an flachen Seen, sogenannten Lachen, brütet, ist eher ein Zufall. Als die Lachmöwe ihren Namen bekam, wurde sie noch mit einer in Nordamerika lebenden, sehr ähnlichen Möwe als eine Art gezählt. Diese Möwe hat tatsächlich einen lachenden Ruf.

Schlichtkleid

Die Lachmöwe ist die häufigste Möwe an der Küste. Sie brütet oft in großen Kolonien in den Salzwiesen oder am Ufer von Seen. Im Winter kommt sie auch an Parkteiche und lässt sich dort füttern.

Brutkleid

Die Lachmöwe wird 35 bis 39 cm groß.

Die Lachmöwe kommt ganzjährig vor.

Jan | Feb | Mär | Apr | Mai | Jun | Jul | Aug | Sep | Okt | Nov | Dez

Die Elster

066

Die Elster ist mit ihrem schwarz-weißen Gefieder und dem langen Schwanz unverwechselbar. Flügel und Schwanz haben bei entsprechendem Lichteinfall einen schönen blaugrün metallischen Glanz. Die Elster ruft laut und ein wenig heiser mehrmals „**tschack-tschack-tschack**“.

Wichtig zu wissen!

Die Elster ist zwar diebisch, aber auch besonders schlau. Sie beobachtet zunächst immer alles misstrauisch und genau, bevor sie sich an unbekannte Sachen heranwagt. Diebisch ist sie, weil sie andere Vogelnester plündert.

Zum Brüten benötigt sie vor allem offene Landschaften und Dörfer mit hohen Bäumen. Doch seit es zwischen den Feldern immer weniger Bäume und Hecken gibt, ist sie nach und nach in die Städte gewandert. Hier gibt es in Mülleimern und auf Komposthaufen reichlich zu fressen.

Elster beim Sonnenbad

Die Elster wird 40 bis 51 cm groß.

Die Elster kommt ganzjährig vor.

Jan | Feb | Mär | Apr | Mai | Jun | Jul | Aug | Sep | Okt | Nov | Dez

Die Rabenkrähe

067

Ein komplett schwarzes Gefieder hat die Rabenkrähe. Selbst die Beine, die Augen und der große, kräftige Schnabel sind schwarz. Ihre krächzenden „**Krah-krah**"-Rufe werden meist drei- bis viermal wiederholt. Im Winter bilden Rabenkrähen oft große Schwärme.

Schau genau!

Schau dir im Winter die Krähenschwärme einmal genau an und achte besonders auf die Schnäbel. Sicher wirst du darunter bald die **Saatkrähen** mit ihren grauen Schnäbeln entdecken. Sie kommen im Winter in großer Zahl aus Osteuropa. Die großen, lautstarken Saatkrähenkolonien machen so viel Lärm, dass die Vögel früher vertrieben und gejagt wurden.

Saatkrähe

Die Rabenkrähe kommt vor allem in einer abwechslungsreichen Feld-, Wiesen- und Heckenlandschaft vor, hat aber auch die Städte und Dörfer erobert. Sie brütet auf einzeln stehenden Bäumen, am Waldrand und selbst auf Strommasten. Als Allesfresser findet sie besonders in den Städten Nahrung.

Die Rabenkrähe wird 44 bis 51 cm groß.

Die Rabenkrähe kommt ganzjährig vor.

Jan | Feb | Mär | Apr | Mai | Jun | Jul | Aug | Sep | Okt | Nov | Dez

Die Dohle

068

Die Dohlen machen mit ihren quäkenden „**Kja**"- und „**Kjäck**"-Rufen auf sich aufmerksam. So kannst du sie gut von den ähnlich aussehenden Krähen unterscheiden. Die Dohle ist auch kleiner als die Krähe und hat einen grauen Nacken und Hinterkopf. Bist du ganz nah dran, siehst du auch ihre leuchtend blauen Augen.

In Städten und Dörfern leben die Dohlen gern in alten Kirchtürmen und Burgruinen. Sie brüten gesellig in Felsnischen und Höhlen, aber auch in Baumhöhlen und großen Nistkästen. Dohlen sind Allesfresser, die ihre Nahrung vor allem auf dem Boden suchen.

Erstaunlich!

Dohlen sind wie die anderen Krähenvögel ziemlich schlau. In einigen Gegenden fliegen sie auf den Rücken von Schafen und zupfen sich für den Nestbau etwas Schafwolle aus deren Fell. Außerdem suchen sie die Schafe nach Insekten ab, die sie fressen. So sind sie für die Schafe und Schäfer sogar noch nützlich.

Die Dohle wird 30 bis 34 cm groß.

Die Dohle kommt ganzjährig vor.

an | Feb | Mär | Apr | Mai | Jun | Jul | Aug | Sep | Okt | Nov | Dez

Der Kolkrabe

069

Oft werden Krähen als Raben bezeichnet, aber der einzige richtige Rabe in Deutschland ist der Kolkrabe. Er ist zwar genauso schwarz wie eine Rabenkrähe, aber deutlich größer und hat einen sehr kräftigen Schnabel. Häufig hört man erst seine tiefen und rauen „**Korrk-korrk**"-Rufe oder ein warnendes „**Rack-rack-rack**". Im Frühling ruft er auch laut wie ein Gong „**klong**". Der Kolkrabe ist unser größter Singvogel.

Schau genau!

Kolkraben gelten als ziemlich schlau und verspielt. Das lässt sich gut im Frühjahr während der Balz beobachten. Dann vollführen die Paare die abenteuerlichsten Flugspiele, indem sie dicht nebeneinander fliegen, sich Verfolgungsjagden liefern, Sturzflüge machen oder sogar kurz auf dem Rücken fliegen.

keilförmiger Schwanz

Vor 70 Jahren galt der Kolkrabe noch als Schädling und wurde so stark gejagt, dass es nur noch in den Alpen und in Schleswig-Holstein ein paar Vögel gab. Heute lebt er wieder in großen Waldgebieten, Mittelgebirgen und auf Heideflächen. Schon Ende Februar beginnen die Kolkraben mit dem Brüten auf Bäumen oder Felsen. Die Paare bleiben ein Leben lang zusammen.

Der Kolkrabe wird 54 bis 67 cm groß.

Der Kolkrabe kommt ganzjährig vor.

Jan | Feb | Mär | Apr | Mai | Jun | Jul | Aug | Sep | Okt | Nov | Dez

Der Seeadler

070

Unseren größten heimischen Greifvogel siehst du auch auf deutschen Euromünzen, denn der Seeadler ist Deutschlands Wappenvogel. Im Flug fallen die langen, breiten Flügel auf. Der Schwanz ist relativ kurz und keilförmig. Bei ausgewachsenen Vögeln ist der Schwanz leuchtend weiß. Der Seeadler ruft nur selten und dann meist in der Brutzeit ein aneinandergereihtes „**Kli-kli-kli**" oder „**Klü-klü-klü**".

Schau genau!

Ähnlich groß ist der **Steinadler**. Ihn kannst du in den Alpen entdecken. Früher lebte er in den deutschen Mittelgebirgen, wurde da aber wie auch Wolf und Bär ausgerottet. Sein Gefieder ist dunkelbraun, nur der Nacken hat goldgelbe Federn. Er ist sehr kräftig und scheut sich nicht, Tiere zu jagen, die schwerer sind als er selbst.

Noch vor 50 Jahren war der Seeadler in Deutschland fast ausgestorben. Dank strenger Schutzbestimmungen gibt es wieder über 500 Paare. Die meisten leben an der Küste und an Seen in Ostdeutschland. Ihre Hauptbeute sind Fische. Sie fangen auch Wasservögel bis zur Größe von Gänsen.

Der Seeadler wird 76 bis 92 cm groß.

Der Seeadler kommt ganzjährig vor.

Jan | Feb | Mär | Apr | Mai | Jun | Jul | Aug | Sep | Okt | Nov | Dez

Der Mäusebussard

071

Der Mäusebussard ist unser häufigster Greifvogel. Seine Oberseite ist meist einfarbig dunkelbraun, während die Unterseite sehr variabel sein kann. Es gibt Vögel mit sehr heller, aber auch welche mit sehr dunkler Unterseite. Im Flug fällt am Schwanz die schwarze Endbinde auf und am Flügel der dunkle Flügelhinterrand sowie die dunklen Flecken am Flügelbug. Wie eine Katze ruft er miauend „**hi-äe**".

Erstaunlich!

Alle Greifvögel können extrem gut sehen. So auch der Bussard. Dank seiner guten Augen kann er eine kleine Maus aus 350 m Höhe auf der Wiese entdecken. Wir würden sie erst ab 50 m Entfernung erkennen. Damit sind seine Augen etwa sechsmal so gut wie die eines Menschen, denn seine Netzhaut hat mehr Sinneszellen als die des Menschen. Das ist wie bei einer Digitalkamera, die mehr Pixel aufzeichnet.

Sein Nest baut dieser Greifvogel in Wäldern und an Waldrändern auf hohen Bäumen. Zur Mäusejagd kommt er aber auf die offenen Wiesen, Weiden und Äcker. Häufig siehst du den Bussard, wie er sich segelnd in kreisenden Flügen immer höher in den Himmel schraubt.

Mäusebussard im Segelflug

Der Mäusebussard wird 46 bis 58 cm groß.

Der Mäusebussard kommt ganzjährig vor.

Jan | Feb | Mär | Apr | Mai | Jun | Jul | Aug | Sep | Okt | Nov | De

Der Rotmilan

072

Im Flug ist der Rotmilan leicht an seinem tief gegabelten Schwanz zu erkennen. So wurde er früher auch Gabelweihe genannt. Seinen Namen verdankt er der rostroten Ober- und Unterseite und der roten Schwanzoberseite. Während der Brutzeit ist sein lang gezogenes, schrilles „**Wiiieeee**" oder ein auf- und absteigendes „**Iiu-iiuh-iiuuu**" häufig zu hören.

Er brütet an Waldrändern und geht in den angrenzenden Feldern und Wiesen auf die Jagd. In einem relativ langsamen Flug sucht er das Gelände nach kleinen Säugetieren und Vögeln ab. Er frisst aber auch Aas. Das Hauptverbreitungsgebiet des Rotmilans ist Mitteleuropa. Von November bis Februar überwintern die Rotmilane im Mittelmeerraum.

Wichtig zu wissen!

Weltweit betrachtet, hat der Rotmilan ein relativ kleines Brutgebiet und ist somit sehr selten. Es leben nur ca. 25 000 bis 30 000 Paare auf der Erde und davon die Hälfte in Deutschland. Auch wenn er bei uns noch häufig zu sehen ist und nicht einmal auf der Roten Liste steht, hat Deutschland eine besondere Verantwortung für diesen Vogel.

Der Rotmilan wird 61 bis 72 cm groß.

Der Rotmilan kommt von März bis November vor.

Jan | Feb | Mär | Apr | Mai | Jun | Jul | Aug | Sep | Okt | Nov | Dez

Die Kanadagans

073

Die Kanadagans ist noch etwas größer als die Graugans. An ihrem schwarzen Kopf mit dem weißen Kehlband ist sie leicht zu erkennen. Das Kehlband reicht bis hinter das Auge. Außerdem hat sie einen langen schwarzen Hals und einen bräunlichen Körper. Sie ruft nasal und trompetend „**ah-hang**".

Wichtig zu wissen!

In Nordamerika flog 1993 ein Vogelkundler mit einem Ultraleichtflugzeug zusammen mit einer Schar von Hand aufgezogener Kanadagänse 800 km in den Süden. Er wollte den Gänsen den Weg in ihr Überwinterungsgebiet zeigen, was sonst die Eltern der Junggänse übernehmen. Im nächsten Frühjahr kamen die Gänse alleine wieder zurück. Auch mit anderen vom Menschen aufgezogenen Vögeln klappte das Experiment. So konnten seltene Arten wieder ausgewildert werden.

Wie der Name schon sagt, ist die Kanadagans eigentlich in Nordamerika zu Hause. Nach Europa kam die Gans im 18. Jahrhundert, als der Adel sie in seinen Parks aussetzte. Von dort breiteten sie sich weiter aus. In Deutschland besiedeln sie Seen und Flüsse, vor allem in Westdeutschland und an der Ostsee.

Die Kanadagans wird 80 bis 105 cm groß.

Die Kanadagans kommt ganzjährig vor.

Jan | Feb | Mär | Apr | Mai | Jun | Jul | Aug | Sep | Okt | Nov | De

Die Graugans

074

Die Graugans ist bei uns die größte graue Gans. Sie hat rosafarbene Beine und einen rosa Schnabel. Im Flug fallen die hellgrauen Flügelfelder auf. Auf langen Strecken fliegen Graugänse in einer Keilformation, so können sie im Windschatten ihres Vordermannes fliegen und viel Energie sparen. Sie rufen typisch gänseartig „**aahng-aahng**“.

Schau genau!

Gänse bleiben immer beieinander, denn sie haben ein richtiges Familienleben. Die Paare bleiben lebenslang zusammen und die Jungen verlassen erst bei der nächsten Brut die Eltern. Auch nach Jahren erkennen sich die Familienmitglieder wieder.

Familienleben auf dem Wasser

An vielen Stellen wurden die Graugänse bei uns ausgewildert, besonders in den Parkanlagen der großen Städte. Hier zeigen sie sich auch recht zahm und zutraulich. Im Winter fliegen viele der wilden Graugänse bis nach Südspanien, dagegen bleiben die meisten Park-Graugänse hier.

Die Graugans wird 74 bis 84 cm groß.

Die Graugans kommt ganzjährig vor.

Jan | Feb | Mär | Apr | Mai | Jun | Jul | Aug | Sep | Okt | Nov | Dez

Der Kranich

075

Noch ein bisschen größer als der Graureiher ist der Kranich. Das Gefieder ist ähnlich grau, doch Kopf und Hals sind schwarz mit einem weißen Band an den Halsseiten. Der federlose Scheitel ist rot. Ein paar verlängerte Federn der Flügel bilden ein „buschiges" Hinterteil. Sein lautes, trompetendes „**Krruh**" kannst du auch im Vogelzug hören.

Im Flug erkennst du ihn am lang gestreckten Hals.

Der Kranich ist ein Bewohner einsamer Sumpfgebiete, Bruchwälder und Waldmoore. Mitte April legt das Weibchen in ihr Bodennest zwei Eier. Gebrütet wird vor allem in Nord- und Osteuropa. Bis Mitte Oktober sammeln sich zehntausende Kraniche an der Ostseeküste, um dann vor den ersten frostigen Nächten in den Süden zu fliegen.

Wichtig zu wissen!

Die Kraniche ziehen auf zwei unterschiedlichen Routen in den Süden. Die Tiere aus Skandinavien und Mitteleuropa fliegen über Mittel- und Norddeutschland nach Südfrankreich und Spanien. Sie kannst du mit etwas Glück als keilförmige Ketten am Himmel beobachten. Die Kraniche aus Osteuropa fliegen über Ungarn nach Nordostafrika. Aufgrund der Klimaerwärmung überwintern in milden Wintern auch immer mehr Kraniche in Deutschland.

Kraniche sammeln sich für den Zug gen Süden.

Der Kranich wird 96 bis 119 cm groß.

Der Kranich kommt von März bis Oktober vor.

Jan	Feb	Mär	Apr	Mai	Jun	Jul	Aug	Sep	Okt	Nov	Dez

Der Graureiher 076

Fast so groß wie ein Weißstorch, macht der Graureiher seinem Namen alle Ehre. Denn bis auf die helle Unterseite und etwas Schwarz an Kopf und Flügel ist er einheitlich grau. Dabei fällt der große gelbe Schnabel auf. Im Flug sind die Beine lang gestreckt und der Hals ist s-förmig eingezogen.

Der Graureiher fliegt mit eingezogenem Hals.

Auf der Suche nach Fischen, Fröschen und anderen Wassertieren kommt der Graureiher an verschiedenen Gewässern vor. Selbst in Städten holt er, sehr zum Ärger der Fischfreunde, so manchen Goldfisch aus dem Gartenteich. Graureiher brüten in Kolonien auf hohen Bäumen, manchmal mit Kormoranen zusammen.

Schau genau!

Nicht nur an Gewässern geht der Graureiher auf die Jagd. Vor allem im Winter, wenn viele Teiche zugefroren sind, siehst du ihn häufig auf Wiesen und Äckern stehen. Hier lauert er auf Mäuse oder Maulwürfe. Die Jagdtechnik sieht so aus: langsames Anpirschen, geduldiges Warten und blitzschnelles Zustoßen mit dem Schnabel.

Der Graureiher wird 84 bis 102 cm groß.

Der Graureiher kommt ganzjährig vor.

Jan | Feb | Mär | Apr | Mai | Jun | Jul | Aug | Sep | Okt | Nov | Dez

Die Stockente

077

Die häufigste heimische Ente ist die Stockente. Das Männchen ist leicht an dem grün schillernden Kopf, dem gelben Schnabel und der braunen Brust zu erkennen. Das Weibchen ist dagegen schlicht braun gemustert, sodass es auf dem Nest bestens getarnt ist. Du erkennst es an den blauen Federn im Flügel, dem Flügelspiegel.

Weibchen

Männchen

Erstaunlich!

Hast du dich im Winter auch schon gefragt, warum Enten nicht festfrieren, wenn sie mit ihren nackten Füßen auf dem Eis stehen? Das liegt daran, dass sie ihre Füße der Außentemperatur anpassen können. Das Blut, das in die Füße fließt, wird von dem kalten Blut, das von den Füßen kommt, abgekühlt. Die Entenfüße enthalten dadurch im Winter nur kaltes Blut, sodass das Eis nicht auftaut und die Füße nicht festfrieren.

An jedem Parkteich und größeren Gewässer triffst du auf Stockenten. Von ihnen stammen übrigens die weißen Hausenten ab. Manchmal vermischen sich Haus- und Stockenten. Ihre Nachkommen sind dann scheckig gefiedert.

Die Stockente wird 50 bis 60 cm groß.

Die Stockente kommt ganzjährig vor.

Jan | Feb | Mär | Apr | Mai | Jun | Jul | Aug | Sep | Okt | Nov | Dez

Der Haubentaucher 078

Der Haubentaucher schmückt sich im Brutkleid mit einem auffälligen schwarzbraunen Kopf- und Halsschmuck. Der lange Hals hat eine weiße Vorderseite und aus dem weißen Gesicht leuchtet ein rotes Auge. Der Rücken ist dunkelbraun gefärbt. Haubentaucher sind sehr gute Taucher und machen Jagd auf kleine Fische.

Schau genau!

Die kleinen Jungvögel mit ihrem schwarz-weiß gestreiften Kopf können ab dem ersten Lebenstag schwimmen. Noch lieber lassen sie sich aber in den ersten Tagen auf dem Rücken der Eltern herumtragen. Nur die Köpfe schauen dann aus dem Rückengefieder der Altvögel heraus. Selbst zur Unterwasserjagd nach Fischen werden sie so mitgenommen. Oft kommen sie dann aber wie kleine Korken wieder an die Wasseroberfläche.

Haubentaucher mit Jungen

Haubentaucher brüten gern an großen Teichen und Seen mit viel Schilf und Uferpflanzen. Das Nest ist meist im Schilf aus Wasserpflanzen gebaut und kann schwimmen. Dadurch wird es bei starkem Regen nicht überflutet. Im Winter weichen sie auf eisfreie Gewässer aus und schwimmen auch auf Flüssen.

Haubentaucher am Schwimmnest

Der Haubentaucher wird 46 bis 51 cm groß.

Der Haubentaucher kommt ganzjährig vor.

Jan | Feb | Mär | Apr | Mai | Jun | Jul | Aug | Sep | Okt | Nov | Dez

Der Kormoran

079

Der Kormoran ist ein großer schwarzer Vogel mit langem Hals und einem kräftigen Hakenschnabel zum Fischefangen. Im Brutkleid hat er einen weißen Fleck am Kopf und am Beinansatz. Kormorane sind gesellige Tiere, die in großen Kolonien auf Bäumen brüten und auch gemeinsam nach Fischen tauchen.

Nachdem die Kormorane als Konkurrenten der Angler und Fischer in Deutschland schon fast ausgerottet worden waren, wurden sie unter Schutz gestellt. Heute haben sich die Bestände wieder erholt und man findet sie an der ganzen Küste sowie an vielen Flüssen und Seen.

Wichtig zu wissen!

Kormorane fetten nicht wie andere Wasservögel ihr Gefieder ein. Dadurch können sie besser tauchen, aber ihre Federn werden ganz nass. Deshalb siehst du sie oft mit ausgebreiteten Flügeln am Ufer sitzen, um sich wieder zu trocknen.

Der Kormoran wird 77 bis 94 cm groß.

Der Kormoran kommt ganzjährig vor.

Jan | Feb | Mär | Apr | Mai | Jun | Jul | Aug | Sep | Okt | Nov | Dez

Die Silbermöwe

080

Die häufigste der großen Möwen ist die Silbermöwe. Sie hat eine hellgraue Oberseite, die Flügelspitzen sind schwarz mit weißen Punkten. Kopf und Unterseite sind weiß. Die Beine sind fleischfarben. Im Winterkleid ist der Kopf dunkel gestrichelt. Oft rufen sie ein gellendes „**Kiau**" oder „**Kiou**". Häufig ist auch ein bellendes „**Aau-au-kjau-kjau-kjiiau**" zu hören.

Jungvogel

Die Silbermöwe ist eine nordeuropäische Art, die häufig an der Nord- und Ostsee vorkommt. Im Frühjahr brütet sie in Kolonien an der Küste. Sie hält sich gern in Hafenanlagen und auf Mülldeponien auf. An der Nordsee frisst sie meist Krebse und Muscheln. Aber auch Fische, Insekten und Würmer stehen auf ihrer Speisekarte.

Schau genau!

An der Küste wirst du auch viele Möwen sehen, die bräunlich gescheckt aussehen. Das sind Jungvögel. Die Großmöwen brauchen vier Jahre, bis sie ausgewachsen sind und das Gefieder der Altvögel haben. Die Jungvögel der verschiedenen Großmöwen auseinanderzuhalten, ist nicht so einfach. Dafür braucht man viel Erfahrung.

Die Silbermöwe wird 54 bis 60 cm groß.

Die Silbermöwe kommt ganzjährig vor.

Jan | Feb | Mär | Apr | Mai | Jun | Jul | Aug | Sep | Okt | Nov | Dez

Der Weißstorch

081

Sein schwarz-weißes Gefieder, den roten Schnabel und die langen roten Beine kennst du bestimmt. Im Gegensatz zum Graureiher fliegt der Weißstorch mit lang ausgestrecktem Hals. Auf dem Horst, seinem Nest, das er gern auf Dächern baut, hörst du ihn mit dem Schnabel klappern.

Der Weißstorch braucht Gewässer, Feuchtwiesen oder andere ungenutzte Wiesen in Nistnähe, auf denen er seine Nahrung findet. Vor allem Frösche, Insekten, Regenwürmer und Mäuse stehen auf seinem Speiseplan. Leider gibt es solche Wiesen immer weniger, und so ist auch der Storch immer seltener bei uns geworden.

Wichtig zu wissen!

Im September macht sich der Weißstorch auf den langen Weg bis ins südliche Afrika. Da er ein reiner Segelflieger ist, braucht er unbedingt warme Luft unter den Flügeln, also eine gute Thermik. Deshalb vermeidet er es, quer über das Mittelmeer zu fliegen, und nimmt lieber den Umweg über Spanien oder die Türkei nach Afrika. So muss er nur kurze Strecken über das offene Meer fliegen.

Flugrouten des Weißstorchs

Der Weißstorch wird 95 bis 110 cm groß.

Der Weißstorch kommt von März bis September vor.

Jan	Feb	Mär	Apr	Mai	Jun	Jul	Aug	Sep	Okt	Nov	De

Der Höckerschwan

082

Unser größter heimischer Vogel ist der schneeweiße Höckerschwan. An seinem langen Hals und dem orangeroten Schnabel ist er gut zu erkennen. Das Männchen hat einen schwarzen Höcker über dem Schnabel. Die jungen Schwäne sind ganz grau, erst im zweiten Jahr bekommen sie ihr weißes Gefieder. Im Flug machen die Flügel der Schwäne ein pfeifendes Geräusch.

Erstaunlich!

Mit bis zu 20 kg gehört der Höckerschwan zu den größten und schwersten flugfähigen Vögeln der Welt. Um so viele Kilos in die Luft zu bringen, muss der Höckerschwan wie ein Flugzeug gegen den Wind Anlauf nehmen, um abheben zu können. Auch das Landen ist nicht so einfach. Auf dem Wasser ist es kein Problem, da bremst er wie ein Wasserskiläufer mit seinen Füßen ab. An Land muss er dagegen kräftig mit den Flügeln abbremsen, um nicht auf die Nase zu fallen.

Ein Höckerschwan gründelt nach Nahrung.

Höckerschwäne brüten an den meisten Seen und Teichen, selbst an kleinen Parkteichen. Sie bauen ein großes Bodennest aus Schilf, das sie energisch und laut fauchend gegen Artgenossen, aber auch gegen Menschen verteidigen. Also Vorsicht!

Der Höckerschwan wird 140 bis 160 cm groß.

Der Höckerschwan kommt ganzjährig vor.

Jan | Feb | Mär | Apr | Mai | Jun | Jul | Aug | Sep | Okt | Nov | Dez

So wirst du zum Vogel-Experten!

Wenn du wie ein Detektiv losziehst, um Vögel zu beobachten, dann ist es sicherlich in **Gärten und Parks** am einfachsten. Die Vögel sind hier an Menschen gewöhnt und nicht so scheu.
In den **Städten** leben auch auf Friedhöfen besonders viele Vogelarten. Das sind meist Vögel, die sonst im **Wald** zu Hause sind. Auch an **Gewässern** findest du leicht Vögel zum Beobachten. Neben den Brutvögeln kommen hier noch viele andere Arten zum Fressen oder Trinken vorbei.
Achte auf die **Gesänge und Rufe**, denn meistens hörst du sie, bevor du die Vögel entdeckst. Außerdem helfen dir die Rufe beim Bestimmen. Mit der „KOSMOS Plus“ App kannst du die Gesänge der Vögel direkt anhören und mit den Rufen der Vögel aus der Natur vergleichen. Mehr Infos dazu findest du auf den Klappen.

Wichtig zu wissen!

Eine ganz wichtige Vogelkundler-Regel ist: Sei möglichst leise, denn Vögel sind scheue Tiere! Wenn sie dich gar nicht bemerken, kannst du sie am besten beobachten.

Die Vogeluhr

Es gibt zwei Gründe, warum Vögel im Frühling singen: Zum einen suchen sie damit einen Partner zum Brüten, zum anderen stecken sie damit ihr Revier ab und sagen so dem Konkurrenten: „Hier wohne ich, das ist mein Gebiet, hau bloß ab!"

Vielleicht ist dir beim **Gesang** schon mal aufgefallen, dass bestimmte Vogelarten nur zu einer bestimmten **Tageszeit** singen? Damit beginnen sie so pünktlich, dass du fast deine Uhr danach stellen kannst. Wenn sie morgens anfangen, richten sie sich nach dem Sonnenaufgang. Um das zu erleben, musst du also ziemlich früh aufstehen, denn der **Hausrotschwanz** fängt schon ca. 1 Stunde und 30 Minuten vor dem Sonnenaufgang an zu singen. Etwa 10 Minuten später setzt das **Rotkehlchen** ein. Nach weiteren 5 Minuten beginnt die **Amsel**. Der **Star** ist ein Spätaufsteher, der erst 10 Minuten nach Sonnenaufgang sein Lied singt. Mitte Mai geht bei uns um ca. 5.30 Uhr die Sonne auf und die Vögel fangen zu folgenden Uhrzeiten an zu singen:

Mach mit!

Vielleicht kannst du ja auf einer Vogelstimmenexkursion von einem Naturschutzverein mitgehen, dort wird dir die Vogeluhr gezeigt. Das ist ein ziemlich beeindruckendes Erlebnis!

Auf den Schnabel geschaut

Achte mal auf die Schnäbel der Vögel. Es gibt **dünne, spitze, kräftige, dicke, lange, kurze oder hakenförmige Schnäbel**. Der Schnabel eines Vogels ist so geformt, dass er sein Lieblingsfutter am besten fressen kann.

Zaunkönig und **Grauschnäpper** fangen mit ihren feinen und spitzen Schnäbeln **Insekten** wie mit einer Pinzette.

Stuben-fliege

Grauschnäpper

Zaunkönig

Spatz

Grünling

Samen

Der Schnabel von **Spatz** und **Grünling** ist viel dicker und kräftiger gebaut, damit sie leicht **Samenkörner** aufknacken können.

Die **Amsel** hat einen Allesfresserschnabel. Der ist sowohl spitz, um Insekten fangen zu können, als auch lang und kräftig genug, um damit in der Erde nach **Regenwürmern** zu stochern.

Regenwurm

Amsel

Wichtig zu wissen!

Natürlich fressen die Vögel nicht ausschließlich das Futter, auf das ihr Schnabel spezialisiert ist. Zum Beispiel frisst der Spatz nicht nur Samenkörner. Besonders im Sommer schnappt er sich auch oft ein paar Insekten und zieht damit seine Jungen groß. Und wenn im Winter die Insekten knapp werden, sieht man manchmal den Zaunkönig, wie er sich am Futterhäuschen am Weichfutter bedient.

Schau genau!

Mit etwas Übung reicht meist schon ein kurzer Blick auf den Schnabel, um die Vorlieben des Vogels einschätzen zu können. Das hilft dir auch bei der Bestimmung eines Vogels, du kannst ihn dann in eine bestimmte Gruppe einordnen. Probier es einfach mal aus!

Mach mit!

Im Winter ist es besonders spannend, die Vögel an einer Futterstelle zu beobachten. Meist geht das sogar vom warmen Küchen- oder Wohnzimmerfenster aus. Schnapp dir dein Fernglas und setz dich ans Fenster. Leg dir ein Beobachtungsheft an. Schreib dort hinein, welche Arten eher ans Futterhäuschen kommen, welche den Meisenknödel anfliegen oder lieber ganz am Boden bleiben. Wer ist mutig und vertreibt sogar andere Vögel? Wer schnappt sich nur schnell einen Happen, um ihn dann in Ruhe im Gebüsch zu fressen?

Buntspecht am Futtersilo

Kohlmeise am Meisenknödel

Winterfütterung

Da Vögel unterschiedliche Vorlieben beim Fressen haben, ist es auch wichtig, ihnen im Winter einen **abwechslungsreichen Futterplatz** anzubieten. Deshalb solltest du auf unterschiedliches Futter wie zum Beispiel **Körnerfutter**, **Meisenknödel** oder auch mal ein **Stück Apfel** achten. Es gibt die unterschiedlichsten Futtergeräte. Ob **Futterhäuschen**, **Futtersilo** oder **Meisenknödel**, die Auswahl ist groß. Je vielfältiger das Futter und die Darreichungsform, desto mehr Arten werden zum Fressen bei deinem Futterplatz vorbeischauen.

Amsel am Futterhäuschen

Wer mag was?

Finken

Sperlinge

Ammern

Diesen Vögeln bietest du am besten eine **bunte Körnermischung** an, zum Beispiel **Sonnenblumenkerne, Hanf, Mohn** oder **Leinsamen**. Die streust du entweder in ein **Futterhäuschen** oder füllst sie in einen **Futterspender**.

Körnermischung

Rotkehlchen

Braunellen

Zaunkönige

Die meisten Weichfresser fliegen im Winter in den Süden. Nur wenige – wie Rotkehlchen, Heckenbraunelle und Zaunkönig – bleiben im Winter hier. Sie bleiben an den Futterstellen lieber im Randbereich und in Bodennähe. Dort fressen sie, was vom Meisenknödel oder Futterhäuschen auf den Boden fällt. Auf ihrem Speiseplan steht im Winter neben den wenigen **Insekten** das Fettfutter, zum Beispiel **in Öl getränkte Haferflocken, Rindertalg** oder kleine Samen wie **Mohn** und **Hanf**. Eine **Futterstelle auf dem Boden** ist ideal für sie.

Haferflocken

Drosseln

Stare

Lass im Herbst ein paar **Äpfel** und **Birnen** am Baum hängen. Das ist keine Verschwendung, denn Drosseln und Stare fressen gern Obst. Du kannst ihnen im Winter aber auch eine **Schale mit Obst und Rosinen** nach draußen stellen.

Obst

Allseits beliebt

Leicht aufhängen kannst du auch die bei fast allen Vögeln beliebten **Körner-Fett-Gemische**. Sie werden meist als **Meisenknödel** oder **Meisenringe** angeboten. Selbst Amseln hängen sich oft mühselig flatternd an einen Knödel, um an das Fett heranzukommen. Genauso gern werden die energiereichen **Erdnüsse** gefressen.

Meisenknödel und -ringe

Vögel füttern – aber richtig!

Fettfutter selber machen

Fettfutter gehört im Winter zu den wichtigsten **Energielieferanten**. Mit relativ wenig Aufwand lässt es sich leicht selbst herstellen. Du brauchst dafür etwas Rindertalg vom Metzger (am besten schon ausgelassen) oder ungehärtetes Kokosfett. Das Fett lässt du in einem Topf schmelzen. Damit es bei starkem Frost nicht zu hart wird, gibst du auf 500 g Fett noch 2–3 Esslöffel Speiseöl. Dazu gibst du nun die doppelte Menge an Sonnenblumenkernen, andere Sämereien, Haferflocken, gemahlene oder gehackte Erdnüsse, Weizenkleie oder getrocknete Beeren. Alles gut mischen, bevor es wieder hart wird. Dann füllst du die Masse in Gefäße, die du raushängen kannst. Das kann eine ausgehöhlte Astscheibe sein, ein kleiner Blumentopf oder Ausstechformen (Tipp: mit Form aufhängen, sonst zerbröselt alles zu schnell). Oder du schmierst den Brei auf Fichten- und Kiefernzapfen oder direkt in die Rinde eines Baums. Dir fallen sicher noch mehr schöne und lustige Formen ein!

Wichtig zu wissen!

Wenn du im Winter fütterst, pass bitte auf, dass das Futter nicht schimmelig wird oder sich zu sehr mit Vogelkot vermischt. Halte die Futterstelle sauber, dann können sich auch keine Krankheiten verbreiten. Kein Brot, keine Kekse oder andere Lebensmittelreste verfüttern! Sie enthalten Gewürze, Salze und Aromen, davon können Vögel krank werden.

selbst gemachtes Fettfutter im Blumentopf

Der vogelfreundliche Garten

Mach mit!

Habt ihr zu Hause einen Garten? Oder haben vielleicht deine Großeltern einen? Dann besprich doch mit deinen Eltern oder mit Oma und Opa, welche Pflanzen oder Umgestaltungen bei euch infrage kommen.

Im Winter kann man den Vögeln durch das Bereitstellen von Futter helfen. Aber was kannst du den Vögeln im Sommer Gutes tun?

Neuntöter im Garten

Die beste Möglichkeit ist, einen Garten vogelfreundlich zu gestalten. Das heißt, die Tiere müssen etwas zu fressen und zu trinken finden sowie dichte Sträucher und Höhlen haben, um darin brüten zu können. Dafür muss man ein paar Dinge beachten: Bei der **Auswahl der Büsche, Stauden und Blumen** darauf achten, dass es heimische Pflanzen sind. Häufig werden Arten angepflanzt, die nicht aus Europa stammen. An diesen kommen oft nur wenige Insekten vor, sie tragen keine Früchte oder sind giftig. Die Forsythie zum Beispiel sieht zwar schön aus, aber nur eine Vogelart frisst ihre Früchte. Insekten findest du an ihr auch kaum. Im Gegensatz dazu sind die Früchte vom **Schwarzen Holunder** so begehrt, dass sie immer als Erstes gefressen werden. Die **Eberesche** heißt auch Vogelbeere, weil über 50 verschiedene Vogelarten ihre Beeren mögen, besonders Drosseln. Aber nicht nur die Früchte sind wichtig, sondern auch die **Insekten**, die an dem Strauch leben. Allein am **Schwarzdorn** kommen bis zu 200 Insektenarten vor und können den Vögeln als Futter dienen. Wenn du ein guter Beobachter bist, wirst du schnell merken, was die Vögel gern mögen.

Schwarzer Holunder

Eberesche

Schwarzdorn

Spatz an einer Vogeltränke

Vögel freuen sich auch über eine saubere **Wasserstelle**, wo sie trinken und baden können. Das geht zum Beispiel auch auf einem Balkon.

Spatz nimmt ein Staubbad

Oder du richtest an einer sonnigen Stelle einen **Sand- und Staubbadeplatz** ein. Spatzen lieben es, ein Staubbad zu nehmen!

Räume im Herbst Stauden und **Laub unter den Büschen** nicht sofort weg, denn dort verstecken sich im Winter viele Insekten. Dann kannst du beobachten, wie die Amsel die Blätter mit dem Schnabel beiseiteräumt und nach Insekten sucht. Ein Magnet für Vögel sind auch **Komposthaufen**, weil es da nur so vor Krabbeltieren wimmelt. Wenn im Herbst Sträucher und Bäume geschnitten werden, kannst du daraus einen **Holz- und Reisigstapel** bauen. Zaunkönig und Rotkehlchen lieben solche Verstecke! Sie finden dort sicher etwas zu fressen oder sogar einen Brutplatz. Ansonsten freut sich vielleicht ein Igel darüber. Auch ein **lockerer Steinhaufen** ist für so manchen Vogel interessant.

Der vogelfreundliche Garten sollte also möglichst vielfältig sein, so kann er den unterschiedlichsten Arten etwas bieten. Natürlich sollte man auch auf **Gifte** im Garten verzichten.

Erstaunlich!

Es ist gar nicht so schwer, auf Gifte im Garten zu verzichten: Ein Meisenpaar zum Beispiel frisst mit seinen Jungen bis zu 50 kg Insekten pro Jahr! Sie sind also natürliche „Insektenvernichter".

Nistkästen

Höhlenbrüter haben es schwer, einen geeigneten Nistplatz zu finden. Es gibt nur noch wenige Gärten mit alten Bäumen und natürlichen Höhlen. Auch Hausdächer, wo Spatz oder Mauersegler unter den Dachziegeln einziehen können, werden seltener. Doch mit einem geeigneten Nistkasten kannst du dafür sorgen, dass sich die ein oder andere Vogelart dauerhaft in einem Garten niederlässt.
Die beiden häufigsten Nistkastenmodelle sind der **Höhlen-** und der **Halbhöhlenkasten**. Für einige Arten wie Mauersegler, Star, Baumläufer oder Schwalben gibt es ganz **spezielle Nisthilfen**.

Höhlenkasten

In den Höhlenkasten gehen vor allem die **Kohl- und die Blaumeise**, weshalb er auch Meisenkasten genannt wird. Aber auch **Haussperlinge, Kleiber, Trauerschnäpper** oder **Gartenrotschwänze** brüten in Höhlen.

Höhlenkasten und Kohlmeise

Halbhöhlenkasten

Hängst du einen **Halbhöhlenkasten** auf, können sich **Hausrotschwanz, Grauschnäpper, Bachstelze** oder **Zaunkönig** einfinden.

Halbhöhlenkasten und Grauschnäpper

Tipps zum Aufhängen

Kohlmeise an ihrem Nistkasten

Damit in deine Nistkästen auch die gewünschten Vögel einziehen, musst du noch einige Dinge beim Aufhängen beachten:
In welcher **Höhe** du ihn aufhängst, ist relativ egal, wichtig ist nur, dass die Vögel ungestört brüten und ihre Jungen aufziehen können. Daher kannst du ihn im Garten ruhig tiefer hängen, weil hier niemand stört. An öffentlichen Bäumen sollte dein Nistkasten so hoch hängen, dass niemand an ihn herankommt. Häng ihn aber auf jeden Fall so auf, dass sich keine Katzen, Marder oder Elstern direkt davorsetzen oder mit ihren Pfoten hineinkommen können. Achte darauf, dass das **Einflugloch** Richtung Osten oder Südosten zeigt. So bleibt es im Nistkasten schön trocken und es zieht nicht, denn Regen und Wind kommen meist aus Westen.
Vögel mögen es nicht, wenn der Kasten den ganzen Tag im Schatten hängt oder von der Mittagssonne zu sehr aufgeheizt wird. Such also einen ausgewogenen **Standort** aus.
Wenn du den Kasten mit einem Nagel am Baum befestigst, nimm einen **Aluminiumnagel**, das ist besser für den Baum. Falls du keinen Aluminiumnagel hast, kannst du den Kasten einfach mit einem **Draht** an einen Ast hängen. Willst du **mehrere Nistkästen** aufhängen, sollten sie nicht alle an einem Baum hängen, sondern gut über den Garten verteilt sein. Du kannst ihn auch an einer Hauswand anbringen.

Mach mit!

Viele Vogelarten polstern ihr Nest mit weichen Federn oder Tierhaaren aus. Füll ein altes Zitronennetz mit Federn oder Schafwolle und häng es so in einem Baum auf, dass es nicht nass wird, zum Beispiel mit einem Dach aus Rinde. Haben die Vögel es entdeckt, werden sie begeistert sein!

Federspender für den Nestbau

Nistkastenbau

Willst du einen **Meisenkasten selbst bauen**? Das ist gar nicht so schwer. Mit etwas Hilfe beim Sägen und Bohren ist das leicht gemacht.

Du brauchst mindestens 18 mm dicke Fichten- oder Kiefernholzbretter (dünneres Holz isoliert nicht so gut), ca. 20 Holzschrauben, zwei Wiener Reiber oder gerade Schraubhaken und einen Bohrer für ein ca. 2,6–3,5 cm großes Einflugloch.

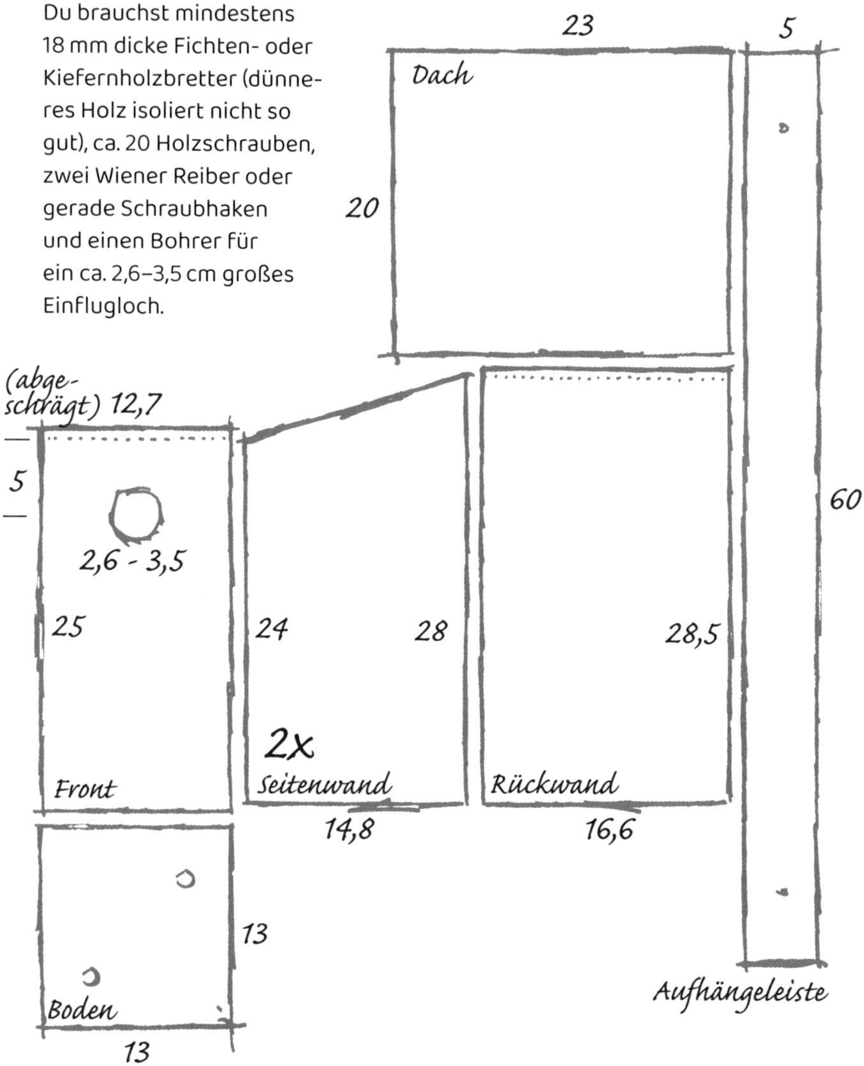

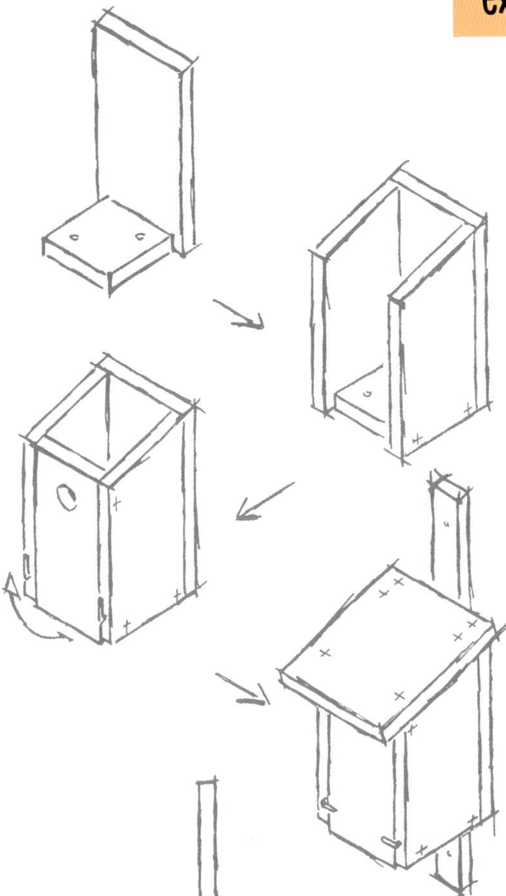

Wichtig zu wissen!

Im Herbst kontrollierst du die Nistkästen und schaust, ob ein Vogel darin gebrütet hat. Das alte Nest holst du dabei gleich heraus, denn darin wohnen noch eine ganze Menge Parasiten wie Vogelflöhe oder Milben. Wenn du sie nicht entfernst, würden sie sich im nächsten Jahr ausgehungert auf die Vögel und ihre Jungen stürzen. Deshalb trägst du beim Reinigen besser Handschuhe und eine geschlossene Jacke.

Wichtig zu wissen!

Du kannst den Nistkasten zu jeder Jahreszeit aufhängen. Einige Arten legen ihren Brutplatz schon im Herbst fest und benutzen den Kasten dann zum Schlafen.

Dem Vogel auf der Spur

Sicher hast du schon mal Vogelspuren wie zum Beispiel **Federn, Eierschalen, Nester** oder Ähnliches gefunden. Aber zu welchem Vogel gehören sie? Mit etwas Detektivarbeit und Erfahrung wirst du bald herausfinden, wer welche Spuren hinterlassen hat.

Mach mit!

Schreib auf, welche Vogelspuren du wo und wann gefunden hast und was du daraus schließt. Wenn du Spuren findest, die du nicht einordnen kannst, schreib sie trotzdem auf oder fotografiere sie. Mit der Zeit wirst du nämlich immer geübter und kannst später vielleicht das Rätsel lösen.

Nester

Das Amselnest erkennst du leicht, weil es eine feste Schicht aus Erde und Lehm enthält.

Amselnest

Gut versteckt im Efeu oder in einer Nische baut der Zaunkönig sein kugeliges Moos- und Laubnest.

Zaunkönig am Nest

Die Elster hat ihr Nest weit oben in den Baumwipfeln aus einer Ansammlung von Zweigen. Der Specht hämmert seine Höhle in den Baumstamm.

Spechthöhle in einem Baumstamm

Fußspuren

Im Winter hinterlassen viele Vögel ihre Abdrücke im Schnee. An Seeufern findest du die Spuren von Enten und Gänsen mit ihren Schwimmhäuten oder die großen Abdrücke des Graureihers mit der langen Hinterzehe.

Amsel

Ente

Waldohreule

Eichelhäher

Federn

Alle Vögel müssen regelmäßig ihre Federn erneuern. Wenn du ausgefallene Federn findest, kannst du versuchen, sie zu bestimmen. Eulenfedern haben feine Härchen auf der Oberfläche und sind ganz weich. Die blau-schwarz gebänderten Flügelfedern hat nur der Eichelhäher. Je besser du die Vögel kennst, desto leichter wirst du die Federn zuordnen können.

Turmfalke

Schleiereule

Silbermöwe

Mäusebussard

Gewölle

Als Gewölle bezeichnet man Nahrungsreste, die nicht verdaut, sondern wieder ausgewürgt werden. Das sind meist Fell- und Knochenreste. Besonders bekannt dafür sind Eulen und Greifvögel. An der Küste findest du dagegen die Speiballen von Möwen. Diese enthalten unverdauliche Gräten oder die Schalenreste von Muscheln und Krebsen.

Eierschalen

Vogeleltern bringen nach dem Schlüpfen der Jungvögel die Eierschalen aus dem Nest. Manchmal werden die Eier auch von einem „Eierdieb" geöffnet. Die Eierschalen sind schwer zu bestimmen.

Amsel

Neuntöter

Mäuse-bussard

Zapfen

Schau dir mal die Fichtenzapfen ganz genau an, die unter dem Baum liegen. Sind sie vom Buntspecht bearbeitet worden, ist der Zapfen ziemlich zerzaust. Beim Fichtenkreuzschnabel sind die Schuppen der Länge nach eingerissen.

vom Buntspecht bearbeitet

Vorräte

Einige Vogelarten legen Vorräte an. Der Neuntöter spießt zum Beispiel Insekten oder sogar Mäuse auf Dornen auf. Und schau dir mal die groben Rinden etwa von einer Eiche ganz genau an. Du wirst erstaunt sein, aber manchmal findet man in den Ritzen Sonnenblumenkerne, Bucheckern oder Nüsse.
Die haben der Kleiber oder Meisen dort versteckt.

Der Neuntöter spießt Vorräte auf.

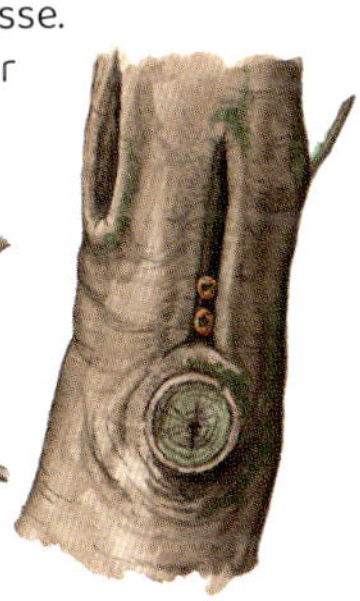
Der Kleiber versteckt Vorräte.

Schmieden

Hier wird kein Eisen bearbeitet, sondern gefressen. Spechte klemmen Nüsse oder Zapfen in Holzspalten oder Astgabeln ein, um sie dann mit dem Schnabel aufzuhacken. Solche Plätze werden Spechtschmieden genannt. An der Drosselschmiede, einem harten Stein, findest du dagegen lauter zerschlagene Schneckenhäuser. So öffnet die Singdrossel die Schneckenhäuser.

Drossel-schmiede

Spechtschmiede

Federn

Was für die Säugetiere das Fell ist, sind für die Vögel die Federn. Sie schützen den Vogel vor Wasser und Kälte, geben ihm die Färbung und mit den Federn können die meisten Vögel fliegen. !
Die äußere Federschicht der Vögel bilden die Konturfedern. Unter den **Konturfedern** tragen die meisten Vögel **Daunenfedern**.

Schau genau!

Die Konturfedern haben in der Mitte einen festen Federkiel und außen die Federfahnen. Jetzt brauchst du eine gute Lupe, um mehr zu erkennen, denn die Federfahne ist noch weiter unterteilt. Sie besteht aus dem Federast, von dem nach oben die Hakenstrahlen abgehen und nach unten die Bogenstrahlen. An den Hakenstrahlen siehst du kleine Häkchen, die sich fest mit dem Bogenstrahl des Nachbarasts verhaken. So bekommt die Feder ihre feste Struktur.

Konturfeder unter der Lupe

Wichtig zu wissen!

Daunen haben nur einen kurzen Kiel und lange, weiche Federäste ohne Häkchen. Zwischen den Daunen entstehen viele Luftpolster, die den Vogel kuschelig warm halten. Deshalb werden auch Bettdecken, Schlafsäcke oder Jacken mit Daunen gefüllt.

Daunenfeder

Damit die Federn lange halten, müssen sie von den Vögeln **regelmäßig gepflegt und gefettet** werden. Dabei ziehen sie die Federn durch den Schnabel, damit sich die Federäste wieder verhaken. Doch irgendwann ist jede Feder so abgenutzt, dass sie erneuert werden muss. Diesen Federwechsel nennt man **Mauser**. Mindestens einmal im Jahr werden die Federn erneuert, natürlich nicht alle auf einmal, sondern langsam nach und nach.

Pfuhlschnepfe

Erstaunlich!

Rekordhalter in Sachen Langstrecken-Fliegen ist eine Pfuhlschnepfe, die von Alaska bis nach Neuseeland durchgeflogen ist. Das sind ca. 11 500 km am Stück! Einen anderen Rekord hält die Küstenseeschwalbe: Sie fliegt jedes Jahr von Grönland, Nordkanada oder Nordrussland bis in die Antarktis. Hin und zurück sind das leicht 40 000 km, also einmal um die Welt. Mit kleinen Sendern haben Wissenschaftler herausgefunden, dass einige Küstenseeschwalben auf bis zu 80 000 Flugkilometer im Jahr kommen.

Küstenseeschwalbe

Vogelzug

Weißt du, warum im Herbst so viele Vogelarten zum Überwintern weit in den Süden fliegen? Es liegt vor allem an der Nahrung. Fast alle Zugvögel ernähren sich von Insekten und die werden im Winter sehr rar. Deswegen müssen sie in Gebiete ziehen, wo es wärmer ist und noch genügend Insekten vorhanden sind. **Kurzstreckenzieher** wie die Feldlerche und die Singdrossel fliegen nur bis in den Mittelmeerraum. Sie kommen schon im März wieder in ihre Brutgebiete. Erst ab April kehren die **Langstreckenzieher** zurück. Sie haben südlich der Sahara überwintert, manche Weißstörche und Rauchschwalben sogar in Südafrika. Grauschnäpper oder Neuntöter gehen ganz auf Nummer sicher und kommen erst im Mai wieder, wenn schon alles grün ist. So weite Strecken zu fliegen, kostet die Vögel unheimlich viel **Energie**. Wenn sie im Winterquartier ankommen, wiegen sie manchmal nur noch die Hälfte ihres vorherigen Gewichts. Sie fliegen in Etappen von 80 bis 500 km.

Feldlerche

Weißstorch

Neuntöter

Vogelzug gen Süden

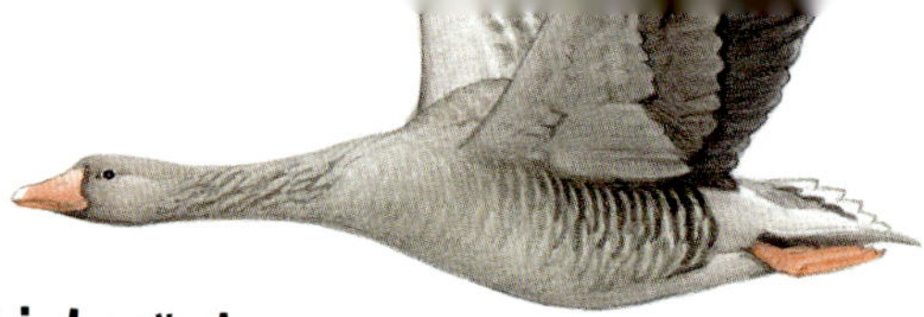

Schnelle Suche mit Stichwörtern

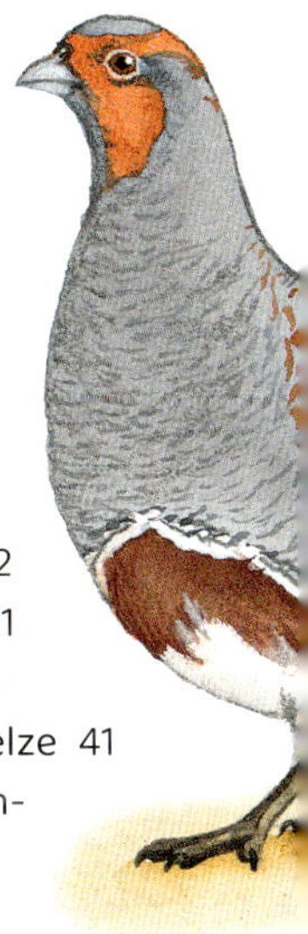

NABU
Macht Spaß. Macht Sinn.
Die Natur schützen mit dem NABU. Mach mit!
www.NABU.de/aktiv
© NABU/E. Neuling

Vögel so groß wie eine Elster

Kiebitz
57

Austernfischer
58

Eichelhäher
59

Turmfalke
60

Sperber
61

Waldohreule
62

Waldkauz
63

Reiherente
64

Teichhuhn
65

Blässralle
66

Türkentaube
67

Ringeltaube
68

Straßentaube
69

Kuckuck
70

Rebhuhn
71

Grünspecht
72

Schwarzspecht
73

Lachmöwe
74